ハウスメーカー18社

現場を見てわかった
最新本音評価!!

絶対に後悔しないハウスメーカー選び

JN258157

一級建築士・ホームインスペクター
市村博
市村崇

廣済堂出版

朝礼

おはようございます。

さて、これから「家づくりの授業」を始めます。

「よし、家を建てようか」

あなたがこう思ったとき、一生に何回あるかというほどワクワクした気持ちを抱くことでしょうね。

何しろ、あなたやあなたの奥さんが懸命に働いて稼いだ大金を注ぎ込んで建てる、念願の我が家、マイホームです。

「どんな感じの家がいいかな?」

「間取りはどうしようか?」

「風呂は広いほうがいいよな」

「キッチンは私に決めさせて」

「子ども部屋は2階でいいわよね」

「よし、今度の土曜日、みんなでモデルハウスを見に行ってみようか」

夢が膨らみ、次から次へと会話も弾むことでしょう。

そんなあなたを現実に引き戻すようで申し訳ありませんが、あなたが描いたその夢のマイホームを実現するのは、そう簡単なことではありません。

「えっ? お金は用意してありますから」

「有名なハウスメーカーに頼めば、大丈夫なんですよね?」

もちろん資金の問題は重要です。気に入った家が見つかっても資金不足からあきらめたり、大きく計画変更をせざるを得ない方もいます。しかし、たとえ資金に余裕があっても、「有名ハウスメーカーに任せれば大丈夫」という発想は、残念ながら間違いです。

私、市村博はかつて設計事務所を経営し、26年間にわたって、およそ1800棟のハウスメーカーの家づくりの現場に長年関わってきました。その後、ハウスメーカーの姿勢に疑問を感じるようになった私は、2001年、『間違いだらけのハウスメーカー選び』（廣済堂出版）という本を世に問うたのをきっかけに設計事務所を解散し、家づくりの現場を第三者のプロの目でチェックする仕事を始めました。

当時そんな名前はまだ定着していませんでしたが、いわゆる「ホームインスペクション」の仕事です。ただし、今ネット検索で出てくる「ホームインスペクション（住宅診断）」や「ホームインスペクター（住宅診断士）」の多くと、私が行っているそれとは内容が違います。

２００８年に設立されたＮＰＯ法人日本ホームインスペクターズ協会のホームページをご覧いただくと、

「ホームインスペクション（住宅診断）とは、住宅に精通したホームインスペクター（住宅診断士）が、第三者的な立場から、また専門家の見地から、住宅の劣化状況、欠陥の有無、改修すべき箇所やその時期、おおよその費用などを見きわめ、アドバイスを行う専門業務です」

「当協会が『ホームインスペクション』と呼んでいるのは、消費者が主に中古住宅を売買する前に、目視で住宅のコンディションを把握して報告する、という業務です。比較的短時間で、可能な範囲で行う『一次診断』です」

と書いてあります。つまり、売買を考えている中古物件の検査を目視で行って報告する業務がホームインスペクションの主たる業務と言っているわけです。ここに限らず、「ホームインスペクション請け負います」を謳っている多くの会社などが主に行っているのは、中古物件あるいは完成間近の新築物件を対象にした検査や診断だと思います。

これに対し、私のインスペクションは主に、これから建てようとする「新築物件」において、最初から最後まで必要なチェックを行うものです（施主の要望に応じて、部分的なチェックを行うこともありますが）。

具体的には、施主の要望を聞いた上で、プラン作成やハウスメーカー選びから各設計図、見積り、契約書のチェック、工事に入ってからは基礎工事から上棟検査、竣工検査にいたる各段階までの工事をチェックし、不具合があれば「ダメだし」をし、「こうしてください」と、ハウスメーカーや工事を請け負う工務店などに要望するということです。

私の仕事を医者にたとえれば、病気になってしまった患者に「あなたは○○病です」と「診断」を下すだけでなく、病気にならないように「予防」してあげること、また、病気になってしまった患者には適切な「治療」を施すこと。必要な人に必要なときに、必要な処方をすることを基本としている点が大きく違うのではないかと思います。

もちろん依頼があれば、築後数年たった物件の雨漏りの原因を突き止め、対処もします（雨漏りチェックの依頼は多いです）が、できることなら、完成した家がそんなことにならないようにあらかじめ手を打ちたい。

つまり、病気にならないように予防したいということ。それには、計画の段階から関わらせていただき、図面など要所要所のチェックをして病気を未然に防ぐことができればベスト。そういう考え方で行っているのが、私のホームインスペクションです。

ですから、これまでしてきたホームインスペクターとしての仕事は、家を建てようとする人たちのさまざまな悩みや疑問を解消してあげることであり、そのために、ハウスメーカーや工務店などの家のつくり手の仕事に対し、厳しい目で検査を実施してきたつもりです。

そういう私の目から見て、残念ながら「○○ハウスなら絶対安心」とは言えない。どんなメーカーであっても、何らかの問題が起こることが多いのが現状なのです。

そこで本書では、今までに出会ったこれから家を建てようという方々が、家づくりの過程で抱いた疑問や質問、それに対して私がお答えしたことや提示した解決策、つまりは実例に基づいたやり取りをご紹介していきたいと思います。

読者の皆さんがわかりやすいように、本書では時に、私に相談をされた方々を「生徒」とし、僭越《せんえつ》ながら著者である私・市村を先生の立場とする授業形式をとっています。

読んでいただければ、家づくりの過程では実にさまざまなことを決断したり、問題を解決していかなければならないことがおわかりいただけることと思います。

もちろん、読者の皆さんの大きな興味は、「どのハウスメーカーに頼んだらいいのか?」ということにあると思いますので、こうした「授業」とは別に、最新の情報に基づき、私の独断でハウスメーカー18社の内情や評価もたっぷり掲載しました。

本書を読んでいただいた方々には、大金をドブに捨てるようなことはさせません。夢のマイホームを実現するためには、「えっ〜!」というような現実とも向き合い、「素人だから」と言わずに、ある程度の知識を本書から得てください。

それが、メーカーのペースにはまらず、「後悔しない家」を手に入れる最良の方法です。

あなたのために、本書の著者である私、市村博と、私と一緒に「住まいと土地の総合相談センター」で家づくりの相談を受け、本書の一部を執筆した市村崇は、できる限りのサポートをいたします。

２０１５年10月吉日

市村博

絶対に後悔しないハウスメーカー選び　目次

第3部　課外授業――ホームインスペクターは見た！ハウスメーカー事件簿

―第1部―

ハウスメーカー18社本音評価

ハウスメーカー18社
第三者チェックのプロが語る、その実情と評判

評価にあたって

ハウスメーカー選びは、家づくりにおける最大の難儀です。はっきり言って「正解」はありません。ハウスメーカーに何を期待するかによって変わってくるからです。

今回はハウスメーカー18社を評価することにしました。

今回の評価は、できるだけ私自身が施主の方々から実際にインスペクション（第三者チェック）の依頼を受け、施主側の立場で設計図の精査、契約内容の精査、現場の各工程の検査を実施した実例をもとにしています。しかし、一部インスペクションの実例がほとんどないというメーカーもあります。その場合は、信頼する業界内部の複数の人間からの情報や、たまたまそのメーカーの現場を私が目撃したり、現場の職人から話を聞いたりした情報などを総合し、できる限り客観的な評価を心がけました。

また、インスペクションの実例があっても、その回数が多いメーカーと少ないメーカーがあり、特に少ない実例に基づく全体評価には問題がある、とのご指摘を受けることもあるでしょう。しかし、いずれの実例も、すべてこの目で見た事実であることに変わりはなく、その意味で評価ポジションの公平さは保ったつもりです。

もうひとつ付け加えておくと、極端に良かった・悪かったという事例はどのハウスメーカーにもあります。悪かったほうで言えば、設計や施工などの問題が発生して施主とハウスメーカーの間で「現在係争中」になっている事例は、私の知る限りではほとんどすべてのメーカーにあります。そのような極端な事例に関しては評価対象から除外しました。今はインターネットで検索すれば、各ハウスメーカーについての評価や口コミなどをいくらでも見ることができます。それらの中には、ここで私が良い評価をしたメーカーに対しての悪評もあるでしょう。それは、その人にとっては「苦い体験」をしてしまったという「事実」があるからでしょう。

逆に言えば、依頼した百人中百人がそのメーカーに頼んでよかったと満足している、などというハウスメーカーはないということです。

これは、同じハウスメーカーであっても、担当する営業マンや工事担当者によってスキルやモラルのレベルが違うということ、それに加え、各メーカーが仕事を発注する設計事務所や工務店の力量にやはり差があるという事情によることが多いからです。つまり、たとえ私の評価が比較的良くてもハズレが出るケースはありますし、逆に評価が低めであっても、現場の工事担当や大工が素晴らしく、アタリが出るケースはあります。

要するに、どんな仕事でもそうですが、所属する会社の体制や評判も重要ですが、最後は仕事を担当する人間個人がいかなる人間であるかにかかっているということです。

できる限り私が見た事実に基づいて公平な評価を心がけましたが、あくまでも消費者の立場に立っての評価なので辛口になり、一部のハウスメーカーからはお叱りを受けるかもしれません。評価に加えて、ある程度業界に詳しい人からのインタビュー形式にしたのは、クレームや圧力を畏《おそ》れずに、実際に私が見たこと、感じたことをきちんと語りたいと思ったからです。しかし、重箱の隅をつつくような視点で評価をしたつもりはなく、あってはならない重大なミスや怠慢については厳しい目を向け、そんな事例があっても良い点があればきちんと評価したつもりです。

「家づくり」という、施主にとっては一生に一度あるかないかの大事業を担うハウスメーカーの社会的責任は大きいです。だからこそ「ミスやクレームが起きるのは仕方がない」という姿勢ではなく、改善すべき点は大いに改善しようといった動きがここから始まることを期待しています。そうした意識に目覚めたメーカーが競争力を高め、時代をリードしていくことを望みます。

ハウスメーカー評価基準

1 経営力

資本金・ＩＲ情報・年間受注額（棟数）等のデータに基づいた評価と過去の実績評価です。

2 商品力

商品の選択肢の広さ、モデルハウスやショールーム等の充実度で評価しています。

3 営業力

実際にインスペクションをしたハウスメーカーは、担当営業マンのスキル・モラルおよび会社のバックアップ体制の良否で評価しています。インスペクションの実績のないハウスメーカーは独自の情報による評価です。

4 設計力

クライアントからの依頼に基づき、基本設計から実施設計まで精査した中で指摘した設計ミス事例を考慮して評価しています。インスペクションの実績のないハウスメーカーは独自の情報による評価です。

5 現場体制

着工から竣工まで通常10回程度の現場検査を実施しておりますが、各工程ごとの検査で是正の程度（工事途中で駆け込みで相談に来た現場の中に、ひどい事例では基礎を解体あるいは上棟段階で解体といった事例もあります）とその後の対応の良否を基準に評価しています。インスペクションの実績のないハウスメーカーは独自の情報による評価です。

6 アフター体制

引き渡し後の定期点検の実施の有無やアフターの対応の良否によって評価しています。

選択基準別ハウスメーカー分布図

選ぶ基準のポイントを変えてハウスメーカーをポジショニングしてみよう。

デパート系と専門店系

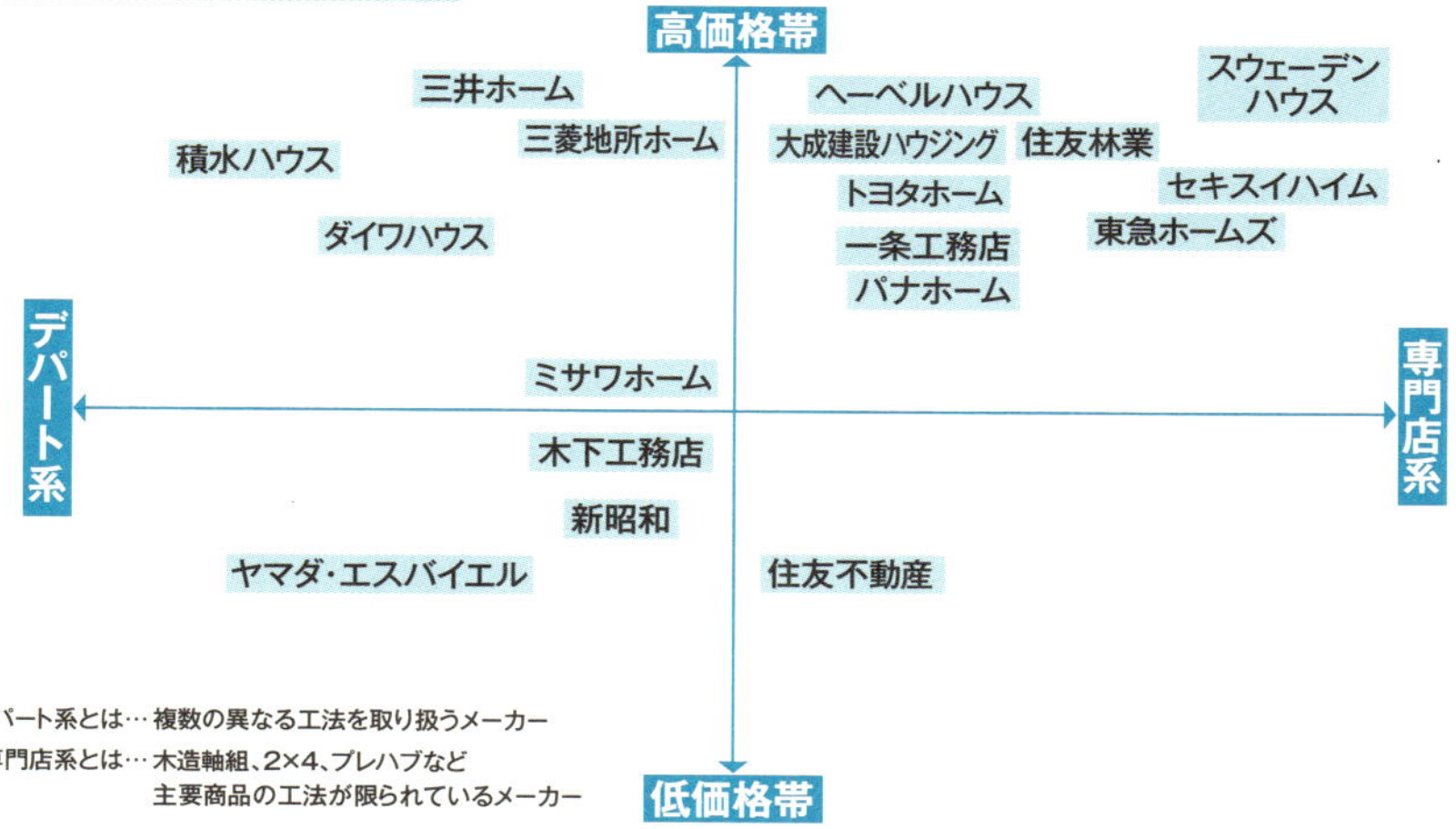

デパート系とは…複数の異なる工法を取り扱うメーカー
専門店系とは…木造軸組、2×4、プレハブなど主要商品の工法が限られているメーカー

直施工系とフランチャイズ系

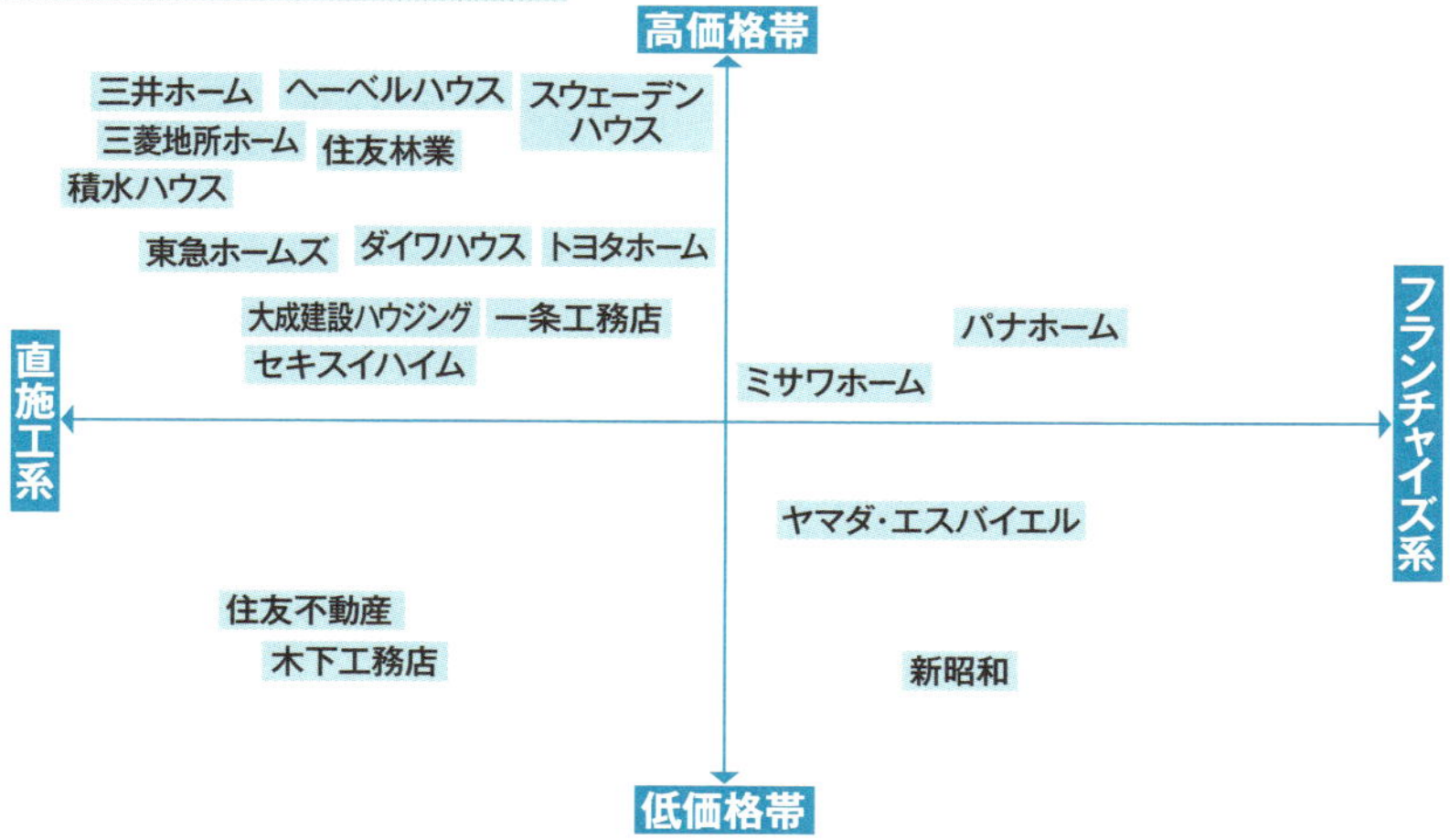

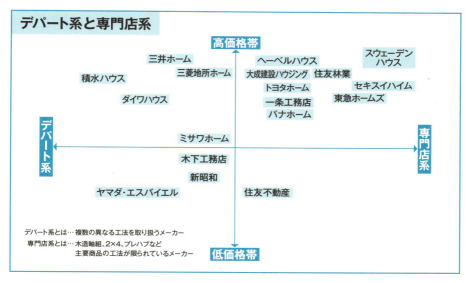

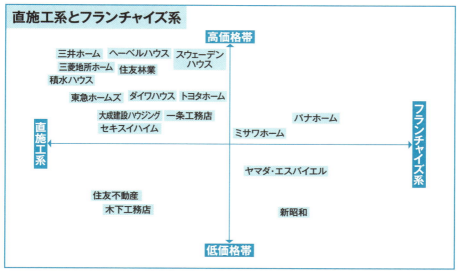

積水ハウス

プレハブ（鉄骨系）※一部木造軸組

営業地域／全国（沖縄を除く）

坪単価　低　中　高

総合評価　1　2　3　4　5

●正式社名　積水ハウス株式会社
●設立　1960年8月1日
●ホームページ　http://www.sekisuihouse.co.jp

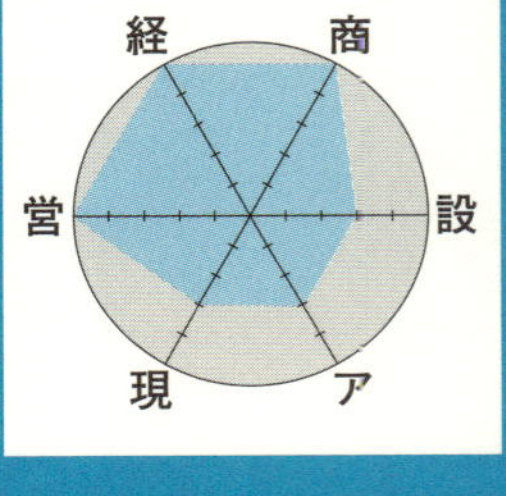

業界NO．1だけに、当たりハズレがないのはいいが…

——言わずと知れた業界NO．1のメーカーですね。それだけにメーカーとしての評価は非常に高く、実際につくる家もしっかりと及第点、という印象があります。市村先生にインスペクションを依頼して来るのは、どういうケースが多いのですか。

市村　メーカー選びの段階からご相談に来られる方が多いです。へーベルハウスとかパナホームとか競合でメーカーを比較している方などですね。年間着工棟数が群を抜いて多いですから、必然的にインスペクションの依頼も多くなります。テレビコマーシャルがうまいので、圧倒的な知名度がありますね。

——メーカー選びの段階からご相談を受けるということですが、施主が積水ハウスを選ばない理由って何ですか。

市村　値引きで最後に負けるケースがあるようですね、鉄骨系だとパナホームとか。木造のシャーウッドでは住友林業とかに……。私の知っている例では、シャーウッドで、営業や設計のスキルは明らかに積水ハウスのほうが高いのに、最後に大幅な値引きで持っていかれたことがありました。

——値引きをしないということですか。

市村　大幅には引きませんね。広告宣伝費などのこともあるのでしょうが、価格的には高いですから、金額勝負になると弱いでしょうね。

——超大手だけにマニュアルとかはしっかりしていると思いますが、実際の現場はどうですか。

市村　積水ハウスの現場監督は、多くの現場を抱えており、その主な業務は顧客管理・近隣対策・工程管理・品質管理・資材調達など。実際の現場は、100％子会社の施工会社である積和建設にほぼ任せているようです。検査に行っても、積和建設の担当者がいなくてわからないといったケースもありました。積和建設の体制は、エリアによって違うようですが、私がインスペクションをした中では、千葉支店のスキルは、ほかのエリアに比べて高かったですね。現場監督が、基礎担当、建て方担当、造作担当と3人に分かれているんです。特化することで専門性を上げているんでしょうね。

これは、積水ハウスに限らず言えることですが、職人は入ってきた材料についてはなかなか文句を言えず、そのまま使ってしまうんです。私の現場ではないですが、和室に曲がった材料が取付けられていて、クレームになった例があったようです。

また、これも積水ハウスだけではありませんが、軒先のボードなどの釘打ちがきれいじゃないですね。釘色を塗っているんですが、釘の跡が見えるんです。

——アフターの対応はどうですか。

市村　支店によって変わりますね。以前よりは、総じて良くなってきている印象があります。トラブルが起きてから駆け込んで来た例は、積水ハウスに関しては少ないです。さすがに超大手だけに、「リペア屋」的な部隊がいて、その辺はしっかりしています。以前にも取り上げましたが、上棟検査の段階でダインコンクリートがぼろぼろに剥《は》がれてしまったときも、剥がれたパネルについてきちんと理由を説明した上で数十枚を新規に交換しました。冒険はしないから、大きなクレームは出ない。そのあたりは、やはり賢いですよ。以前の著書でも書きましたが、何事もなく無事に進めば、評価は非常に高いですね。

旭化成ヘーベルハウス

プレハブ（鉄骨ＡＬＣ造）

営業地域／全国（沖縄を除く）

坪単価	総合評価
低	1
中	2
高	3
	4.5

●正式社名　旭化成ホームズ株式会社
●設立　１９７２年11月１日
●ホームページ　http://www.asahi-kasei.co.jp/hebel/

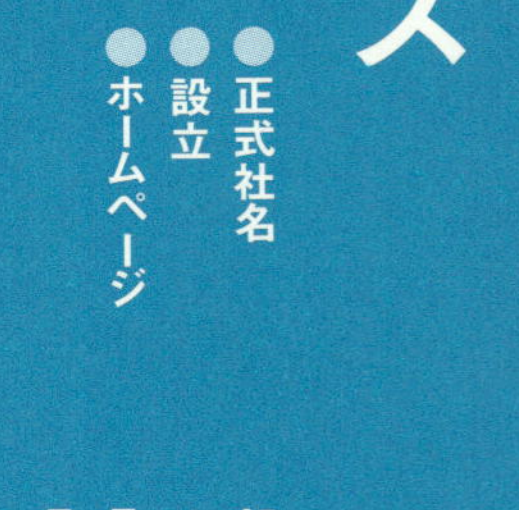

圧倒的な耐久性だが、設計の自由度は低い

――ヘーベルハウスは、「ロングライフ住宅」というコマーシャル通り、圧倒的な耐久性で固定ファンが多いメーカーですね。以前の著書でも、ヘーベルハウスを選ぶ方は、構造的にうるさい人が多い。構造にこだわって比べたら、積水ハウスやパナホームには絶対負けないとおっしゃっていましたが……。

市村　一般顧客としては「日本で一番安心な家」というイメージがあるでしょうね。重量鉄骨で、構造体としては、他社の鉄骨に比べて、飛び抜けてしっかりしています。施工は2系統。３～４割が１００％子会社の旭化成住宅建設。残りが地域の工務店です。施工の仕方が、すべてがマニュアル化されていて抜群に良い。社内の検査体制もしっかりしているので、品質は、一番高いと思います。

――その分、「ヘーベルハウスは高い」という声もあるようですが……。

市村　その判断は難しいですね。そもそも使われる鉄骨が他社と違いますから。

――他社に比べると、間取りの自由度は少ないですね。

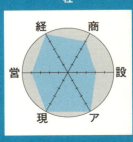

市村　モジュールの関係から間取りの制約はあるので、間取りにこだわると他社になりますね。でも、そういうところでは勝負していないんでしょうね。施主が選ぶ基準が、耐震性・耐久性なので、デザインで選んでいない。ヘーベルハウスだから選んでいるんです。都市型住宅でデザインもほとんど変えていないですし、変えるつもりもないのではないでしょうか。四角く硬いイメージなので女性受けは良くないでしょうが、男性が性能で選んでいるケースが多いようですし、実際、施主の職業を聞くといわゆる理工系や理論派の人が多いようです。

――そういう点では弱点がないようにも思いますが、いかがですか。

市村　唯一の弱点は、斜めの屋根ですね。躯体《くたい》に関しては外断熱で、鉄骨系の弱点であるヒートブリッジ（熱橋。熱しやすく冷めやすいので結露などの原因になる）対策を施しているのですが、斜めの屋根の部分は内断熱で、ALC板（軽量気泡コンクリート『ヘーベル』。ヘーベルハウスの外壁・床・屋根に使用されている）ではないんですね。これの処理が悪くて、ヒートブリッジを起こすんです。「北側のトイレに水がたまった」というので見に行ったところ、斜め天井をサーモカメラで見たら一目瞭然。結露を起こしていました。おそらくメーカーは気づいていないし、現場も知らないのではないでしょうか。これは、ヘーベルハウスに限らず、大手では難しいのかもしれませんが、そういう事例を本社に汲み上げる仕組みがないんですね。

――都市型住宅は北側斜線規制が入るケースが多いので、ここは注意しないといけないでしょうね。

ダイワハウス

プレハブ（鉄骨系）※一部木造軸組

営業地域／全国（沖縄を除く）

坪単価　低　中　高

総合評価　1　2　3.5　5

●正式社名　大和ハウス工業株式会社

●設立　1947年3月4日（創業1955年4月5日）

●ホームページ　http://www.daiwahouse.co.jp/

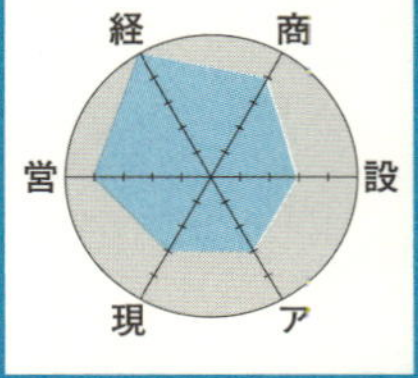

NO．2のハウスメーカーだが、注文住宅は本気じゃない!?

——ダイワハウスは、注文住宅事業ではNO．2のハウスメーカーですが、最近は分譲マンション事業やロードサイド型店舗事業などの他の事業のほうに力を入れているイメージがありますね。

市村　会社としての規模は、ずいぶん大きくなりましたが、その分ほかの事業の領域が増えてきた感じがしますね。役所広司や唐沢寿明のコマーシャルでずいぶんイメージが変わって、戸建て住宅もかなり伸びたのでしょうが、会社全体としては注文住宅には力を入れていないのではないかと思える節がありますね。特に関東地区ではあまり競合とかは聞かないです。関西地区では強いのかもしれませんが、関東では営業力が弱いのではないでしょうか。

——メーカーとしての特徴はどうですか。

市村　外張り断熱方式を採用して一時は積極的にテレビコマーシャルをしていましたが、ダイワハウスでなければならないというような特徴はないですね。「何がいいの？」という感じです。大和団地を吸収合併してからは木造住宅も展開していますが、売れてない、というかあまり売る気がないんじゃないでしょうか。私が見た現場で木造専業メーカーに比べると知識や設計・工事担当者のスキルが劣る感じがしました。

――実際の現場はどうですか。

市村　私の印象では品番違いによる現場納品ミスが多いように思います。営業→設計→工事への連携が悪いという人的な問題と、資材発注のシステムに問題があるのではないでしょうか。書き間違いとかも多いのでしょうが、それが拾えない。施主としては、決めた部材についてきちんと品番を記録しておいて、工事に入る前に確認したほうがいいかもしれません。

――ほかにトラブルはありましたか。

市村　賃貸アパートの現場で2階の天井に断熱材を入れ忘れた現場がありました。現場監督は「入れました」と言っていたのですが、サーモカメラで見たらおかしい。実際に剥がしてみたら、やはり入っていませんでした。

パナホーム

プレハブ（鉄骨系ユニット）

営業地域／全国

坪単価	総合評価
低	1
中	2
高	3
	4
	5

●正式社名　パナホーム株式会社
●設立　1963年7月1日
●ホームページ　http://www.panahome.jp

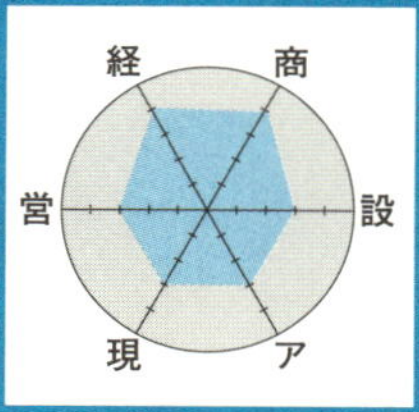

営業はがんばっているものの、設計力が弱い印象……

――パナホームは、その名の通り、パナソニック系列の住宅メーカーです。

市村　営業はがんばっています。でも、全体的に設計力は弱いですね。

——設計は、自社でやっているのですか。

市村　社員がやっています。営業が強いから、その圧力に負けて無理をしてしまうんでしょうね。

——以前の著書では、「狭小地パネル」が売りと書いていました。

市村　隣接地との間に足場を立てなくても施工できるということで、隣地境界線ギリギリまで建築できる、それは他社ではできないと言っていたので、「将来、メンテナンスができないじゃないですか。そこは永久にメンテナンスしないのですか」と訊ねたところ、「メンテナンスはいりません」と断言していました。でも、そんなはずはないんですよ。サッシの周りとかはメンテナンスが絶対に必要になります。

——都市型の土地の有効利用ということでは、最近は『ビューノ』という商品をアピールしていますね。

市村　都市型住宅で7階建てまで対応できると言っていますが、商品として完成していない気がします。

基礎の角に鉄筋が入っていないんです。それだと将来コンクリートが割れてしまいます。ボルトの長さや出方も違う。ディテールが考えられていないんですよ。そもそも7階建てをきちんとつくれる工務店が低層住宅業界にどれだけあるのでしょうか。

——最近、検査した現場で気になったことはありますか。

市村　なぜかすべての柱の同じ位置にキズが入っている現場がありました。サビているんです。担当者は「サビ止めを塗ります」と言っていましたが、それでは意味がありません。あと、基礎に問題があって、上棟まで行って壊した現場がありました。鉄骨系のプレハブメーカーで言うと、積水ハウス、へーベルハウス、ダイワハウスの3社と比べると評価としては落ちます。営業トークに騙《だま》されないようにしたほうがいいかもしれません。

セキスイハイム

プレハブ（鉄骨系ユニット／2×4）

営業地域／全国（沖縄を除く）

坪単価	総合評価
低	1
中	2
高	3.5
	5

●正式社名　積水化学工業株式会社

●設立　1947年3月3日（注文住宅事業は1971年）

●ホームページ　http://www.sekisuiheim.com/

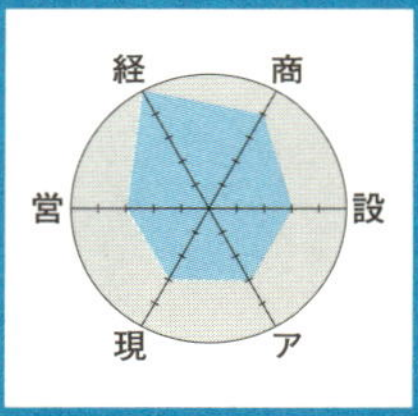

家づくりの大半を工場で行う独自のユニット工法が特徴

――セキスイハイムは、総合化学メーカーの積水化学工業が展開する住宅ブランドです。その特徴は、家の大半を工場でつくってしまうユニット工法。職人がつくるものではないので、品質にばらつきがないこと、現場工期が短いことを売りにしていますね。

市村　確かにその通りですが、契約してからユニットを製作するのでそれなりの時間はかかります。トータルで比べたら、そんなに短期間ではありません。ユニットで持ってきて現場では組み立てるだけなので、インスペクションの例は少ないです。検査するのは、主に基礎だけです。

――そんな少ない事例の中で、気になったことはありますか。

市村　5～6年前に比べて基礎のつくり方が変わりました。かなり良くなりました。以前はユニットが動いたりしていましたから。大きなトラブルは特にないですね。気になったのは、ユニット工法で部材を組み込む形なので階段の段数の変更ができないこと。結構昇り降りがきつく感じました。モデルルームで必ず確認したほうがいいでしょう。あと、これは屋根に昇って建物全体を見下ろすインスペクターの私しか感じないことでしょうが、ボルトだらけで、鉄骨もペラペラ。「やっぱりプレハブなんだ」と思いました。一般の方は下から上に家を見るから気づかないことですが……。

——最近は太陽光発電を売りにしたスマートハウス（エネルギー自足住宅）をアピールしている感がありますね。

市村　屋根もペラペラですよ。だから、太陽光発電を載せているのかと思うぐらい（笑）。そして、なぜか価格が高い。ユニットだから間取りの制約はありますが、耐震性も高いし、品質的には特に問題がありませんし、工期とかを重視しているのであれば、割り切って買うにはいいのではないでしょうか。

——以前は『セキスイツーユーホーム』という木質系の２×４のユニット住宅もよくコマーシャルしていました。

市村　最近は建てているという人をほとんど聞かないですね。

トヨタホーム

プレハブ（鉄骨系ユニットを含む）ほか

営業地域／全国（北海道などを除く27都道府県）

坪単価	総合評価
低	1
中	2
高	**3**
	4
	5

●正式社名　トヨタホーム株式会社
●設立　２００３年４月１日
●ホームページ　http://www.toyotahome.co.jp

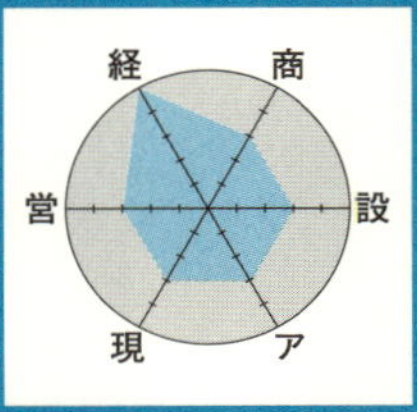

愛知県エリアでは、絶対的に強く、評価も高いが……

——その名の通り、トヨタ系の住宅メーカーです。

そのこと以外では、これといった特徴はない気がしますが、どうですか。

市村　セキスイハイムのような鉄骨ユニット工法と鉄骨軸組工法をやっていて、「何でもできる」と言っていますね。トヨタ自動車が産業再生機構に入ったミサワホームの支援スポンサーになって以降は、ミサワとの技術提携や共同開発、共同分譲など関係を深めています。

――首都圏ではトヨタホームで建てている家はあまり見ないですね。

市村　関東エリアでは苦戦しているのではないでしょうか。私も過去にインスペクションをしたのは、1件だけです。

――愛知県エリアではシェアも高く、悪い評価も聞かないようですが……。

市村　愛知県エリアはお膝元ですからね。トヨタの関連会社の家を建ててるだけで充分に食べられるということではないでしょうか。

大成建設ハウジング

プレハブ（コンクリート系）／2×4

営業地域／全国（商品により異なる）

坪単価	低	**中**	**高**

総合評価	1	2	**3**	4	5

●正式社名　大成建設ハウジング株式会社
●設立　1997年11月19日
●ホームページ　http://www.housing-taisei.co.jp

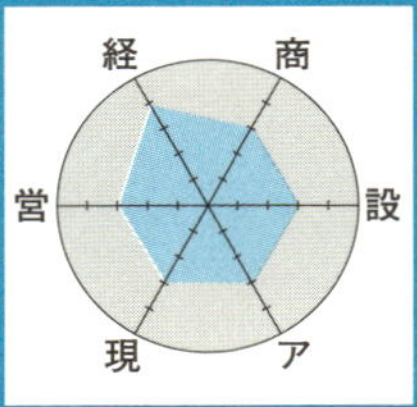

「ゼネコンの総合力」が売りだが、ミスの多さが目立つ

――大手ゼネコン・大成建設の住宅事業部からスター

トして、プレキャストコンクリート住宅『パルコン』を主力商品としているメーカーです。

市村　プレキャスト版は、契約後の確認申請の提出時でないと製作に入らないんです。だから、契約先行型。ブレキャスト版の製作寸法に左右されるため設計の自由度は高くないし、つくってからしか建てられないので、着工まではかなりの時間が必要です。また、プレキャスト版の搬入や建て込みには敷地条件と道路条件が大きく関わってくるので、条件が悪いと営業段階で断りを入れてくることがあります。要望に対して営業は「はい」と聞いてしまいますが、私が見た例では、配水管の位置の間違いとか、ミスが多いですね。このメーカーと契約するときにはプレキャスト版の製作前に間取りをきちんと決めないと、あとで変更ができないので、ミスが起こります。

――現場の様子はどうですか。

市村　たまたまかもしれませんが、私がこれまでインスペクションに入った現場は、すべて問題がありましたね。現地をきちんと調べていなくて穴の位置が違っていたり、3階建てのパネルの長さが5センチ足りなかったり、壁のパネルが曲がっていたり。長さが間違っていたら、新たにつくり直さなければならないので、現場は3週間ぐらい待たないとダメです。「ゼネコンの総合力」と謳っていても、現場は下請けの工務店に発注していますから、基礎工事に関しては現場施工となり、ゼネコンのように常駐管理をしていません。だから、担当する工務店のスキルによりますね。

――へーベルハウスのように、ファンは多いと聞きましたが……。

市村　鉄筋コンクリートなので、地震や火災などの災害に強く、耐久性が強いというイメージがあるからでしょう。そういうことにこだわる人たちには選択肢になっているのだと思います。でも、壁を壊したりといった大きな間取り変更ができないので、将来のリフォームには柔軟に対応できません。鉄筋コンクリートの家は、入居したあとで「パチパチ」と音がするんですよ。風とかで。これは、鉄筋とモルタルの熱伸縮が違うからなんですが、あらかじめ知っておいたほうがいいです。

住友林業

木造軸組(在来)

営業地域/全国(一部地域を除く)

坪単価	
低	
中	●
高	

総合評価	
1	
2	
3.5	●
5	

●正式社名　住友林業株式会社
●設立　1975年(注文住宅事業は1971年)
●ホームページ　http://sfc.jp/ie/

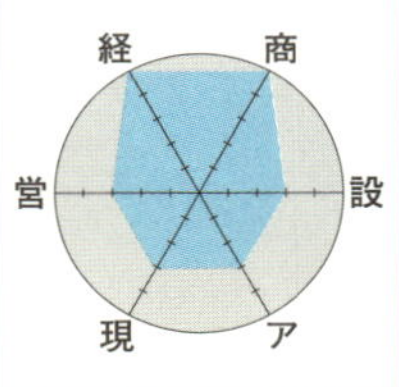

木造軸組ではひとり勝ちだが、設計ミスが多い!?

――住友林業は、木造軸組工法ではトップメーカーですね。「木の家」が好きな人には人気が高く、木造軸組の他のメーカーが相次いで撤退する中でひとり勝ちの感があります。最近の特徴は、どんなところですか。

市村　木造軸組工法ではやはり強いですね。社名の通り、社有林がたくさんあるので国産材のイメージがありますが、実際には輸入材を多く使っています。少し前までは木造軸組工法に最新技術を組み合わせて進化させた構法として『マルチバランス構法』を推していましたが、最近ではテレビでもコマーシャルしている『ビッグフレーム構法』を一押しにしています。昔は純和風テイストが主でしたが、近年は都市型デザインに傾いてきている中で、耐震性が高く、大空間を実現できる『ビッグフレーム構法』を営業的に推しているようです。

――『ビッグフレーム構法』は、そんなに売りになるのですか。

市村　一般的な105ミリ角の柱の5倍以上の幅の105ミリ×560ミリの柱を主要構造材として5mとかの梁を飛ばした大空間を作っていますが、「たわまないかどうか計算しているのですか」と質問したら、答えられなかったです。現場監督は、『マルチバランス構法』のほうがやりやすいようですね。ところが、斜線制限がかかるところには『ビッグフレーム構法』は使えなくて、『マルチバランス構法』でやっています。

――以前の著書では設計ミスが目立つと書いていましたが、最近はいかがですか。

市村　私が見た限りでは相変らず設計ミスは多いですね。住友林業は、積水ハウスなどと競合したときに、最後にドーンと値引きするケースが多いので、営業のクロージングが遅くて、設計セクションにしわ寄せが来ているのではないでしょうか。営業段階で出した要望が設計に伝わっていなくて、設計図に反映されていなかったり、平面図と施工図面が違ったまま施工してしまったという例がありました。情報伝達がうまくいってないんでしょうね。このメーカーの場合は、特に自由設計の度合いがかなり高いので、設計の人に負担がかかるんでしょう。私にメールが送られて来るのも深夜の時間帯が多いことから、かなりオーバーワークなのではないでしょうか。それに設計の人の知識もあまりないですね。積水ハウスの人は、質問したらすぐにその場で答えられるけれど、住友林業の人は答えられませんでした。

――施工はどうですか。

市村　現場は悪くないですよ。施工は、１００％子会社の住友林業ホームエンジニアリングの場合が40％程度。それ以外は外部の工務店が担当しています。これは、住友林業に限らず言えることですが、工務店により現場の品質管理にはばらつきがありますね。とにかくこのメーカーの場合は、営業～設計の段階に当たりハズレが多いですね。あと人員的な問題なのか、引き渡し後のアフターの対応の不満もよく聞きますね。

一条工務店

木造軸組（在来）

営業地域／全国（北海道沖縄を除く）

坪単価	総合評価
低	1
中	2
高	3
	4
	5

●正式社名　株式会社一条工務店
●設立　1978年9月
●ホームページ　http://www.ichijo.co.jp

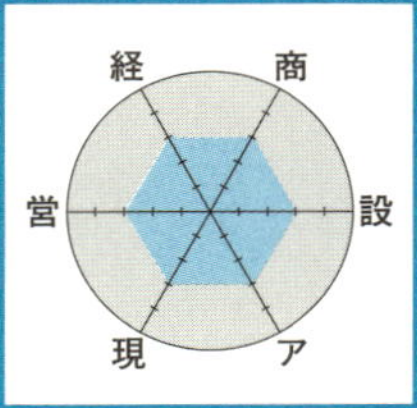

気密性・断熱性、免震住宅が売り。ローカル色が強い!?

――一条工務店は、住友林業の次に在来工法ではがんばっているハウスメーカーですが、印象はどうですか。

市村　今は全国展開していますが、元々は静岡県浜松市の工務店で、ローカル色が強いイメージがありますね。高気密・高断熱を売りにしていて、免震住宅もハウスメーカーの中ではいち早く手がけているので、東日本ハウスが元気がない中で、東北エリアで伸びているというイメージがあります。個人的な印象としては、デザインが垢抜けない感があります。住友林業が都市型住宅に向かっているので、和風住宅ファンはこちらに行っているのではないでしょうか。価格的にも安いですし。

――インスペクション例は少ないということですが、現場はどうでしたか。

市村　このメーカーは塩ビのサッシを使っていて、サッシの周囲に一次防水として防水テープを貼り合わせるのですが、幅が50ミリと狭いテープを使用していました。塩ビのサッシはツバがアルミサッシに比べて肉厚で、50ミリの幅だと粘着力が弱く、剥がれていました。最近は現場を見ていないので、改善されているかもしれませんが……。

三井ホーム

2×4（2×6を含む）

営業地域／全国（沖縄を除く）

坪単価	総合評価
低	1
中	2
高	3
	4.5

●正式社名　三井ホーム株式会社
●設立　1974年10月11日
●ホームページ　http://www.mitsuihome.co.jp/

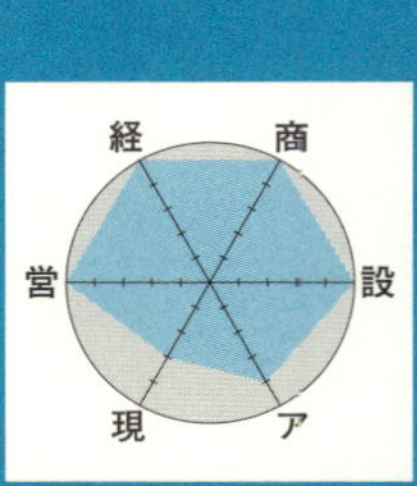

営業は紳士的。クレームもほとんどない

――三井ホームは、日本でいち早くツーバイフォー（2×4）工法を採用したツーバイフォーのリーディングカンパニーですが、最近では外壁を2×6に変えたからかあまりツーバイフォーと言わず、『プレミアム・モノコック構法』と言っているようです。比較的満足度の高い評価が多いハウスメーカーですね。

市村　クレームはほとんど聞かないですね。20年ぐらい前に雨じまいに構造的な欠陥があって雨漏りが多く発生して相当数のクレームになりましたが、仕様を変えてからはピタッとなくなりました。一時期、雨の音が反響するという話もありましたが、そちらも改善したようです。木造系、特にツーバイフォーでは建て方工事中の雨によって使用している木材が濡れてしまうことがありますが、そうした経験があったためか、防水施工に関しては木造系のメーカーでは一番慎重で丁寧な施工をしますね。施工は、直施工（社内施工）部隊を設けて外部委託との併用となっていますが、工事監督がよく現場を見ています。

――高価格帯の商品になるため、営業は紳士的という評判がありますね。

市村　ぐいぐいと押して来る営業スタイルではないので、嫌みはないですが、逆に押しが弱い面もあるようです。設計の自由度が高いので、鉄骨系メーカーと競合した場合は、設計提案で優位に立つのは間違いないですが、三菱地所ホームなど他のツーバイフォーメーカーと競合になったときには、値引きで負けてしまうこともあるようです。高価格帯を建てる施主は社会的な立場の高い人も多く、中には仕事の進め方や提案に不満を持つ声も聞こえてきますが、三井ホームは一般的には満足度の高い評価が多いようです。もちろん、担当する社員や下請けによってハズレがあるのはどのハウスメーカーにも見られることで、そういう意味ではハズレが少ないほうだと言えるのではないでしょうか。

——三井ホームの特に強い部分は何ですか。

市村　絶対的な強味は、屋根に標準で採用している『ダブルシールドパネル（DSP）』ですね。これは、断熱材を構造用合板でサンドイッチした三井ホームオリジナルの断熱構造材で、他社にはない優れた断熱性能があります。他社は、ほとんどが断熱材にグラスウールかネオマフォームを使っていて、隙間《すきま》ができると断熱欠損があるんです。一般的な住宅は天井断熱がほとんどですが、三井ホームの家は屋根そのもので日射熱を遮断するので、小屋裏に熱がこもることがありません。その断熱性能の差は、真夏の検査で強く実感します。午前中に三井ホームの現場の小屋裏を検査していても汗をかかないのですが、午後に他のメーカーの現場に行って小屋裏に入ると汗だくになりますから。

——三井ホームは、価格は高いというイメージがありますよね。

市村　基本的にオーダーメイドの商品が主力ですから、そういうイメージはありますが、最近は規格型のセミオーダー的な商品も展開していて幅広いニーズに対応しようとしています。価格が高いのは、DSPのように隠れてしまう部分まできちんとやっているから。一般ユーザーは、「見える部分は同じなのに、なぜ高いのか？」と思うかもしれませんが、高いだけの理由はあります。高いけれど安心というのが、このメーカーですね。

三菱地所ホーム

2×4

営業地域／首都圏・近畿圏 広島・宮城

坪単価	総合評価
低	1
中	2
高	3.5
	5

●正式社名　三菱地所ホーム株式会社
●設立　1984年7月2日
●ホームページ　http://www.mitsubishi-home.com/

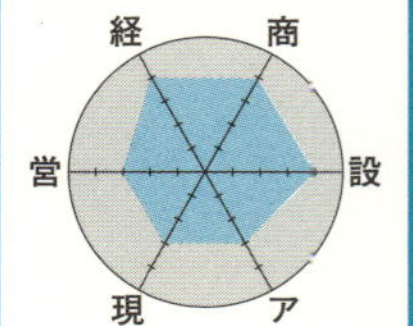

全館空調システムが売りだが、最近は精彩を欠く!?

――三菱地所ホームは、三菱地所の１００％子会社のハウスメーカーですが、今ひとつ精彩を欠いている気がします。

市村　三菱地所の住宅事業研究室が前身。歴史は40年以上あり、グループ唯一のハウスメーカーですが、最近は1都3県と大阪で営業展開しているだけで、本気でやる気がないのかと思うぐらいです。最近はインスペクションの依頼も、昨年に埼玉で1件あっただけ。施工棟数を発表していないのでわかりませんが、あまり現場も見かけませんし、受注も一時に比べて減っているのではないでしょうか。

――このメーカーの特徴は何ですか。

市村　以前はいち早く標準採用した全館空調システム『エアロテック』が売りでしたが、今は各社とも全館空調は当たり前になっている中で、これといった特徴がない。だから、営業的には値引きで勝負するしかないのではないでしょうか。と言っても、根拠のない値引きではない。プロが見ると1回目の見積りで盛っている金額がわかりますから。かつては社員が全体的に紳士的で良いとの声が多く、設計段階でも細かな部分の提案が多く、設計図面の作成量もハウスメーカーの中では多いほうだったのですが、最近はどうなのでしょうか。

東急ホームズ

2×4（2×6含む）

営業地域／関東・関西・東海・その他 北陸・九州の一部

坪単価	総合評価
低	1
中	2
高	3.5
	5

●正式社名　株式会社東急ホームズ
●設立　1991年4月1日（開業1969年12月12日）
●ホームページ　http://www.tokyu-homes.co.jp

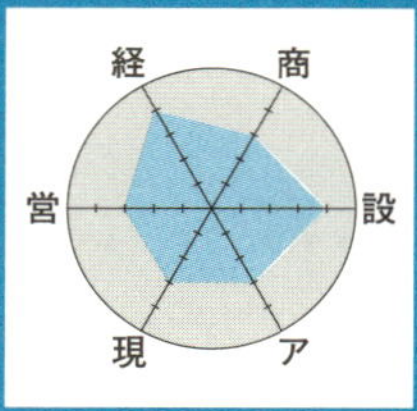

輸入住宅ブームが去った今、営業は苦戦している!?

——東急ホームズは、東急不動産の住宅事業としてスタートしたハウスメーカーです。2008年にリフォーム専業の東急アメニックスと合併し、現社名になりました。

市村　北米型輸入住宅の『ミルクリーク』が主力商品で、これはほとんどの輸入住宅専業メーカーに言えることですが、輸入住宅ブームが去った中で受注棟数が減って苦戦しているようです。かつては東急不動産の宅地分譲の際の家を多く建てていましたが、今はそちらも減っている様子。同じ東急不動産グループの東急建設のほうが安いので、そちらに発注しているようです。東急不動産の子会社のリフォーム専業会社と一緒になったのも、その辺の背景があるのではないでしょうか。

——インスペクションした現場はどうですか。

市村　前社長、現社長と2年間で社長が次々と替わっていますが、どちらも注文住宅に関しては経験が少ないのではないでしょうか。受注が減ったこともあるのでしょうが、前社長に替わってからインスペクションの件数がガタッと減りました。以前の印象だと、商品自体は問題は少ないのですが、現場に入ってから設計段階での打ち合わせミスによる現場変更が発生する事例がありました。

新昭和

木造軸組／2×4

営業地域／首都圏・関西

坪単価	総合評価
低	1
中	2.5
高	4
	5

●正式社名　株式会社新昭和
●設立　1970年4月2日
●ホームページ　http://www.shinshowa.co.jp

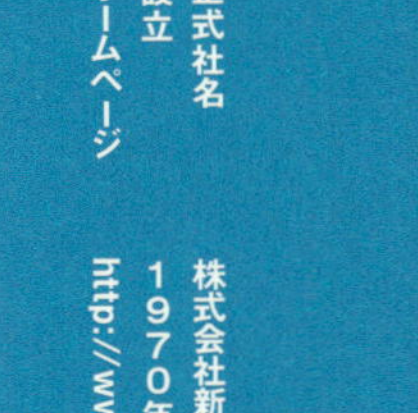

千葉県や城東地区では強い人気。クレバリーホームはばらつきあり

――ツーバイフォー工法のウィザースホームは自社施工、軸組工法のクレバリーホームをフランチャイズと2つのブランドを展開するメーカーです。

市村　千葉県君津市が本社なので、千葉県内や都内では江東区・足立区・江戸川区・荒川区といった城東地区でウィザースホームの現場は多いですね。千葉県内では宅地分譲も手がけているので、県内トップメーカーと言えるのではないでしょうか。外壁はタイルが標準ですが、その割には価格が安いんです。千葉県は関東では一番職人単価が安いと言われているので、安くできるのかもしれません。

――現場はどうですか。

市村　悪くないですよ。ウィザースホームは、日本におけるツーバイフォー工法のオープン化を受けて、翌年の1975年にいち早くツーバイフォー住宅の販売を開始したので、歴史もあります。横浜支店は少し質が落ちますが、コストを考えれば、リーズナブル。現場対応もきちんとしています。クルマで言えば、高級車ではなく大衆車。家に必要以上に多くを望まない人にとっては、コストを抑えてそこそこの品質の家を建ててくれるので、十分に及第点と言えます。

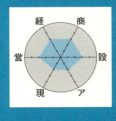

——クレバリーホームはどうですか。

市村　フランチャイズ展開のメーカーには共通して言えることですが、代理店によって評価は大きく分かれるようです。でも、代理店のクレームに関して、新昭和は基本的に対応しません。

住友不動産

2×4／木造軸組

営業地域／全国（一部地域を除く）

坪単価	総合評価
低	1
中	2.5
高	4
	5

●正式社名　住友不動産株式会社
●設立　1949年12月1日
●ホームページ　http://www.j-urban.jp

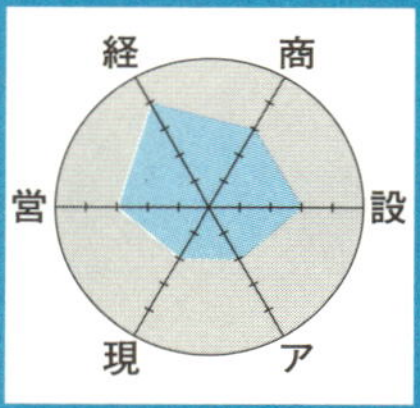

価格が安い理由は、見えないところでコストを抑えているから!?

——他の大手不動産会社は子会社で注文住宅事業を展開していますが、住友不動産は自社の部門。元々、「住友不動産ホーム」として営業していましたが、経営不振で親会社に吸収されたという経緯があります。かつては輸入住宅も展開していましたが、今はツーバイフォーや木造軸組などの注文住宅をつくっています。

市村　都市型住宅の『J-URBAN』などデザイン力を売りにしていますが、住友不動産の家は、意外にコストが安いんですよ。でき上がったら見えない、隠れてしまうところでコストを抑えているんです。

——たとえば、どういうところですか。

市村　タイルの下地のベースボードの検査をすると、

割れとかが目立つんです。隠れてしまうから、ひと手間省いているんです。住宅性能評価をする第三者機関は、その辺は検査しないんですよ。現場が粗っぽいところを見ると、職人単価を安く抑えるためにそうしているのではないでしょうか。その代わりに検査のある工程は、きちんと職人単価をかけているんです。それ以外の部分は抑えているから安くできるんでしょう。

――評判はどうですか。

市村 現場やアフターの対応がいまひとつという声があります。契約までは、「お客様」「お客様」と持ち上げて来るけれど、契約後は掌《てのひら》を返したようになる。現場の人には、関係ないという感じのようです。実は、私は一時「立ち入り禁止」だったんですよ。やり直しで現場でやり合ったことがあって「市村に頼むのだったら、契約しない」と言われて。今は解禁になりましたが……。

木下工務店

木造軸組／2×4（2×6）

営業地域／東京・神奈川・千葉・埼玉・茨城の一部

坪単価：低　**中**　**高**

総合評価：1　**2**　3　4　5

●正式社名　株式会社木下ホールディングス
●設立　1987年12月15日（創業1956年3月23日）
●ホームページ　http://www.kinoshita-koumuten.co.jp

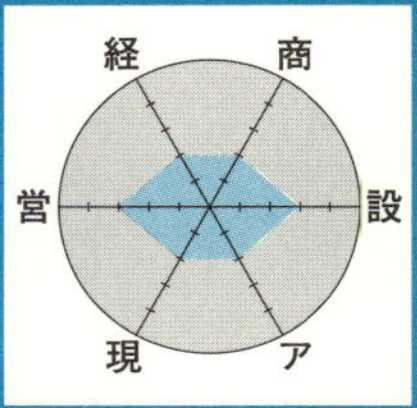

旧木下工務店とは様変わり。方向性が定まらない!?

――木下工務店は、創業は古い会社ですが、以前の会社が経営不振に陥った際に、同姓の社長が経営する不動産会社に買収され、社名と事業だけが引き継がれ、実質的にはまったく違う会社になっているハウスメーカーです。料理研究家の栗原はるみさんプロデュースの家を販売したり、さまざまなイベントをプロデュースしたりと、以前の堅実なイメージとはまったく様変わりした会社ですね。

市村 旧木下工務店の創業者は大工出身で、社員大工養成のための職業訓練校の経営もしていました。企業買収があったため、社員の定着率が悪いとの噂もあり、実際に旧木下工務店の人たちがつくった会社もあります。旧木下工務店時代は木造軸組専業でしたが、現在はツーバイフォーを主力にしたり、軸組に戻ったり、方向性が定まらない様子です。栗原はるみさんの家も話題にはなりましたが、実際にはどれだけ売れたのでしょうか。

――イベントや映画の冠企業になっていて、名前の露出は増えましたが、何をやっているのかわからない感じがします。

市村 以前に検討中の方のご相談は受けたことがありますが、デザイン先行型のデザイナーズハウスのようで「これがツーバイフォー?」と思うほど設計のレベルが低かった。残念ながらインスペクションの実績がないので、確かなことは言えませんが、最近は現場もあまり見ない感じです。

ミサワホーム

プレハブ（鉄骨系／木質系）

営業地域／全国（沖縄を除く）

坪単価	総合評価
低	1
中	2
高	3.5
	5

●正式社名　ミサワホーム株式会社
●設立　2003年8月1日（旧ミサワホーム設立は1967年10月）
●ホームページ　http://www.misawa.co.jp/

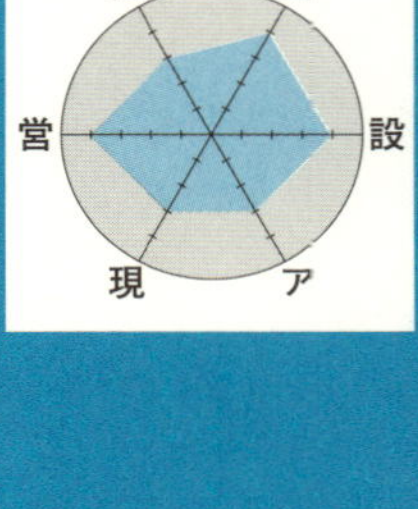

木質プレハブではNO．1。敏感な人は接着剤臭が気になる

——ミサワホームは、木質プレハブ工法のトップメーカーです。2003年にバブル期の事業多角化の失敗により経営破綻しましたが、産業再生機構の支援によってトヨタホームが大株主に入って立ち直りました。

市村　ミサワホームは、今年（2015年）、体制を再編しました。10月1日に完全子会社であるミサワホーム東京をはじめとする首都圏のディーラー4社を吸収合併し、直販化しました。これに先立って4月1日にそれぞれの施工子会社を統合し、直轄の施工会社であるミサワホーム建設としました。

——この時期での構造改革の狙いは何でしょうか。

市村　『蔵のある家』で一時期盛り返しましたが、最近はデザインを全面に打ち出してはいたもののあまりヒット商品も出ていませんでしたから、直販化・統合することにより販売体制、施工体制の強化と業務効率の向上を図ろうというのでしょうね。再生時には全国のディーラーを統廃合して絞り込みましたから、今後は関西や東海でも動きがあるかもしれません。

——現場には影響はあるのでしょうか。

市村　今回の体制になる前のミサワホームは、メーカーとして木質パネルや部材の開発と販売をしている会社で、実際の営業・設計・施工はディーラーとその子会社がしていました。首都圏ではそれが一連の流れになるのですから、機動力は出て来るでしょうね。今まではディーラーごとに施工が異なっていて、クオリティに差がありました。ミサワホーム東京の施工会社は良かったですが、ミサワホーム多摩の施工会社はいまいちでした。すぐには影響は出ないでしょうが、同じ会社になったので、施工力のレベルが上がるといいですね。ディーラーを統廃合した時期に、アフター対応について引き渡しを受けた顧客にトラブルが多くあったようなので、今回はそんなことがないように願いたいです。

――看板商品の『蔵のある家』は、どんな特徴があるのですか。

市村　大収納空間を実現した住宅の総称です。建築基準法上1・4m以下の天井の高さであれば、床面積に算入しなくていいんです（行政指導により細かな規定はある）。それをうまく利用し、スキップフロアを採用して2階の床面積のおよそ半分の面積の収納部屋を設けたアイデア商品です。大収納空間の家を実現するには頑丈な構造体が不可欠で、ミサワホームは木質パネル接着工法により6面の構造体の間で隙間のない真のモノコック構造にすることで、外力をうまく分散する高剛性の家としているから可能だと謳っていますが、木質パネルの壁厚さは90ミリしかなく（たとえばツーバイフォーでは最低でも110ミリある）、ペラペラ感は否めません。でも、基礎は、ベース部分と立ち上がり部分の生コンクリートを一体で打ち込む方式で、鉄骨系の基礎はほとんどが一体打ちですが、木造系では珍しく、打ち継ぎ箇所がないのでよいことだと思います。

――ほかに、現場でインスペクションしていて気になるところはありますか。

市村　木質パネルは、釘を使っていなくて接着剤で貼り合わせてつくっているんです。だから、においに敏感な人は室内で異臭を感じることがあるようです。私も暑い時期に上棟検査に行くときはにおいを感じます。

ヤマダ・エスバイエルホーム

プレハブ（鉄骨系／木質系）

営業地域／全国（沖縄を除く）

坪単価　低　中　高

総合評価　1　2　3　4　5

●正式社名　株式会社ヤマダ・エスバイエルホーム
●設立　1951年6月14日
●ホームページ　http://www.sxl.co.jp/

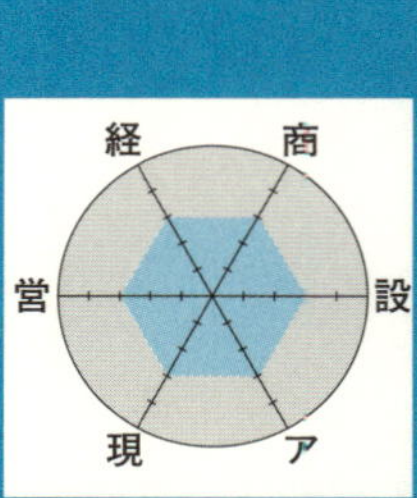

ローコスト住宅から高級注文住宅まで。ローコストも安っぽくない

――2011年にヤマダ電機の連結子会社となり、2013年に現社名に変更しました。ヤマダ電機の傘下に入って何か変わりましたか。

市村　元々住宅展示場で販売している高級注文住宅と規格型のローコスト住宅の2本立てで展開している会社ですが、ヤマダの冠がついてからは、「スマートハウジング」を打ち出し、中高級商品に力を入れています。戦略を変えて来たのでしょうね。エスバイエル時代よりも宣伝が多くなった気がします。

――このメーカーの特徴は何ですか。

市村　木質パネル工法のメーカーですが、壁パネルが1・2階一体のパネルで、柱を立ち上げてパネルを挟み込む方式で、現在も構造体は変わりません。ローコスト住宅は、あらかじめ決められたプランの中から選んでいく形式で、基本的に間取りの変更ができない代わりにコストは確かに抑えられていて、かといって建物の仕様は決して安っぽくなく、陳腐でもないという評判で結構人気があります。たとえば、「クルマは走ればいいから、安いのでいい」というような人向き。間取りや仕上げにこだわりの少ない人の場合、手間が省けてかえって良かったという声も聞きます。一方で、そういうイメージがあるから、自由設計の注文住宅のほうはかなり高いのでギャップを感じる人もいるよう。ハウスメーカーとしては歴史があり、確かな設計力や提案力もあるから当然なのですが、見積りを見てビックリするようです。今まで見た現場では、特に大きな問題はありませんでした。

スウェーデンハウス

木質パネル

営業地域／全国（一部地域を除く）

坪単価	
低	
中	
高	■

総合評価	
1	
2	
3	■
4	
5	

●正式社名　スウェーデンハウス株式会社
●設立　1984年3月1日
●ホームページ　http://www.swedenhouse.co.jp/

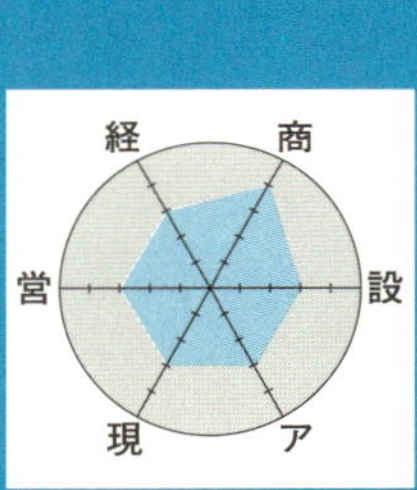

北欧テイスト好きに根強いファン。情報伝達が良い

――輸入住宅ブームが去り、輸入住宅専業メーカーが少なくなる中、スウェーデンハウスは健闘している数少ないメーカーですね。歴史も30年以上と長いです。

市村　以前から北欧好きに絶大な人気を誇っていて根強いファンがいるメーカーですね。でも、円安は輸入住宅メーカーには不利。15年ぐらい前は「105円を超えたら採算が取れない」と言っていました。最近インスペクションが少なくなったのは、やはり影響が出ているのではないでしょうか。

――北欧デザインはもちろんですが、木製の三重ガラスサッシと高気密が特徴ですね。

市村　確かに高気密が売りでスタートしましたが、今はツーバイフォーが全盛なので、あまり売りにはならないですね。やはりスウェーデンという響きの良さと、内部ドアや内装材にパイン材を多用しているナチュラル感が、そういうテイストが好きな人に受けるんでしょうね。木製サッシは、三重ガラスのトップターン方式（サッシが縦に回転して開く方式）で重量があるので、子供には操作が大変です。サッシの塗装のメンテナンスが面倒臭いという声がありますが、本来、木製サッシは3年に一度は塗装する必要があるものです。

――インスペクションの現場の様子はどうですか。

市村　過去に大きな問題に直面したことはありません。営業から設計、工事までひとりの担当営業マンが継続して打ち合わせに同席するので、ほかのメーカーに比べて情報伝達力に優れていると思います。

COLUMN ● ハウスメーカー本音評価〜番外編

デザイナーズハウスの仕事

デザインはいいのだけれど、構造についての知識がない

ハウスメーカーの評価とは異なるのだが、ここ数年、ホームインスペクターとして現場を見てきて、特に気になることとして伝えておきたいことがある。それは、首都圏、特に世田谷区・大田区・目黒区・港区あたり、城南・城西エリアのいわゆるデザイナーズハウスのいい加減さである。デザ

イナーズハウスというのは、大きく分けて2つ。建築設計事務所が設計監理契約を結び、工務店が建築するものと、建設業登録はしているけれど設計を外部に委託している会社である。これらは、デザイン提案は確かに見た目がいいのだが、多くの場合、現場の経験や構造に関する知識がなく、単なる〝絵描き〟で、家ができたところのこと、もっと言えば工事のことをまったく考えていないものが多い。

デザイナーズハウスでは、雨漏りする家が多い。構造を知らないのにデザイン先行で軒を出さなかったり、屋根処理をきちんとしない（図面が描けない）で安易にルーフバルコニーをつくったり、大手メーカーだったら木造では危険だと知っているからやらないことを、知識がないから平然と描いて提案してしまうのだ。特に屋根の勾配がない、軒が出ていないといったデザインの家は要注意。100軒中100軒と言っても大袈裟ではないほど、建てた人は雨漏りに泣いている。大手メーカーのようにきちんとした構造部材を使っていないのに、6mもの長い梁を通してしまい、サッシの上がたわんでしまっているなどという例もあった。構造とか安全性とかをまったく考えていない、否、学校を出ただけで現場経験が少ないので、考えられないのである。

一昨年の春の大雪の際にデザイナーズハウスの多くで北側部分が凍ってしまい、溶けたら雨漏りでずぶ濡れになったという話を随分耳にした。デザイナーズハウスに頼みたいと思ったら、ちゃんとした大手ハウスメーカーと競合させてみることが賢明。大手なら「このプランはどこが悪い。こういう危険がある」ということをきちんと指摘してくれるはずだ。

工務店の仕事

地方の工務店は、概ね信頼できるはず

地方に住む方や家づくりにかなりこだわる人の中には、「地元の工務店で」という方も多いに違いない。

大雑把に言わせてもらえば、東京から50キロ以上離れた千葉県や埼玉県、茨城県、あるいは地方の工務店の仕事では大きなトラブルになることはあまりないだろう。

地方の場合、地縁性があり、そこで長く続けていかなければならないので、変な物はつくれないからである。

家づくりの主な工法1 [プレハブ住宅①]

鉄骨系

軽量鉄骨を骨組みとする軸組工法
いわゆる「工業化住宅」の代表格

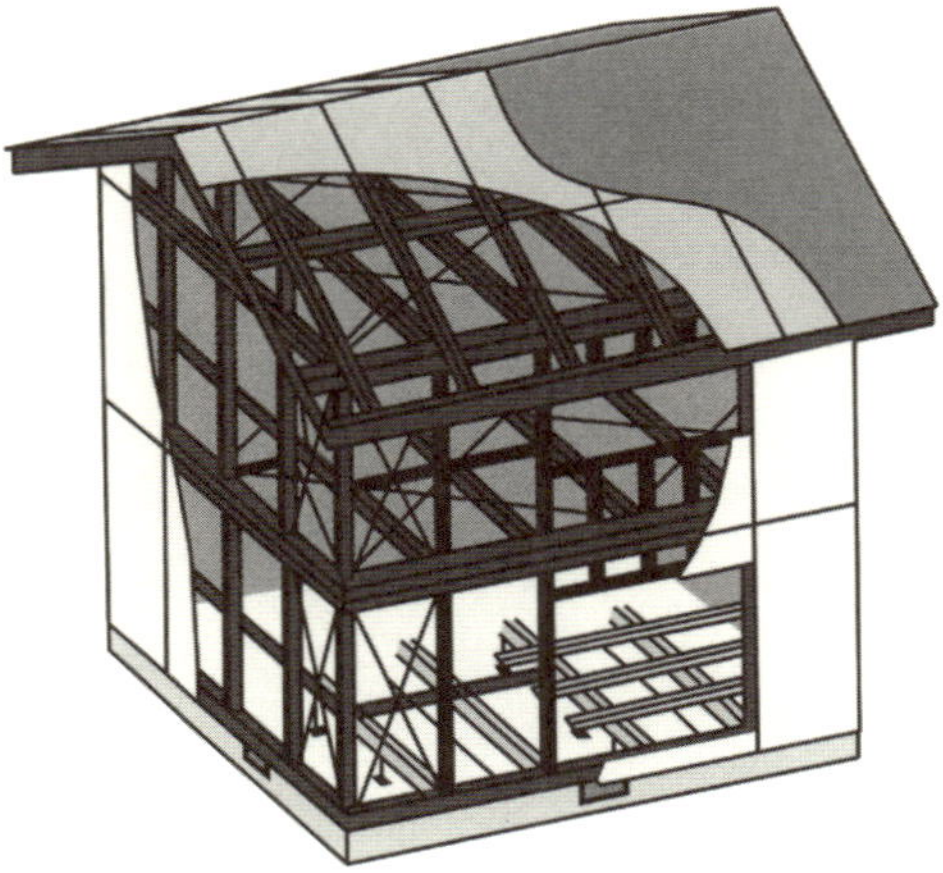

メリット

- 強固な構造で、耐震性が高い。
- 不燃物をパネルに使用。火にも強い。
- 軽量鉄骨は同じ強度の木材に比べて軽く、その分だけ負担を軽減する事ができる。
- 在来工法などに比べて工期が短い。

デメリット

- 規格化された商品が多く部品・部材があらかじめ決まっている。
- プランに制約を受ける場合がある。
- 標準外のプラン・仕様は割高。
- マニュアル外の対応に問題あり。

代表的メーカー
積水ハウス、ダイワハウス、 トヨタホーム、パナホーム

家づくりの主な工法2［プレハブ住宅②］

木質系

工場であらかじめ製作した木質パネルを現場で組み立てる工法

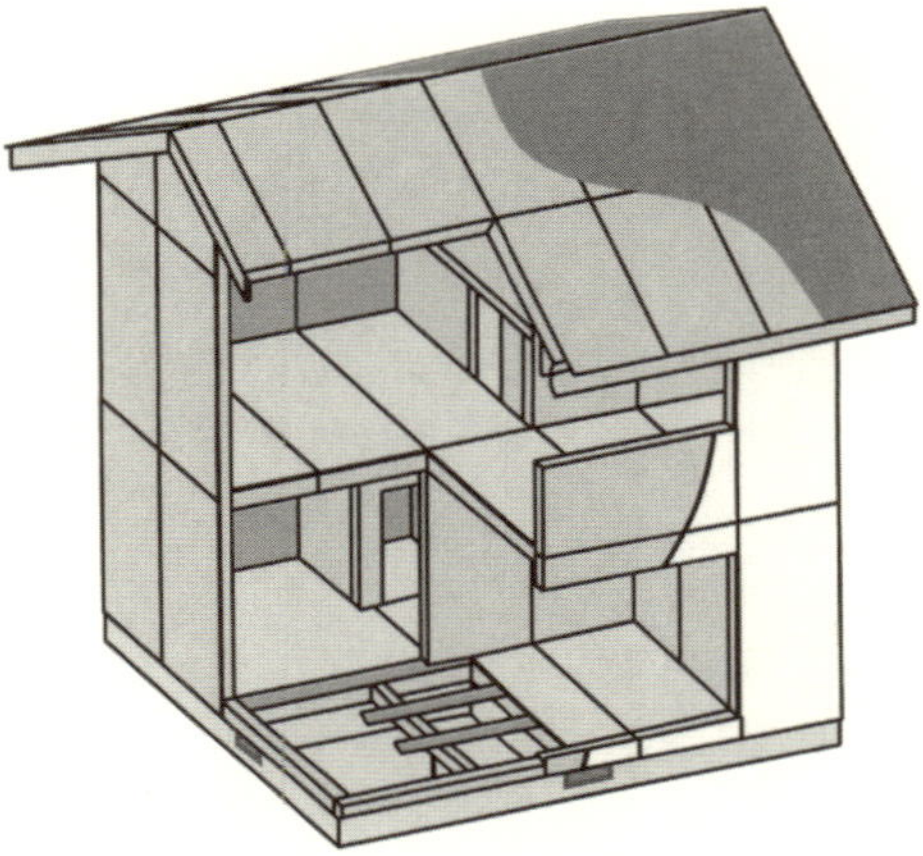

メリット

- 木質パネルを工場で製作するので、精度が高く、品質が安定している。
- 耐震性・耐風性・耐火性に優れている。
- 断熱性・気密性が高い。
- 工期が比較的短くてすむ。

デメリット

- 間取りや外観デザインの自由度が高い。
- パネルの搬送場所に制約がある。
- 着工後の変更ができない。
- 床下、壁内の通風に注意が必要。
- 増改築に対応しにくい。

代表的メーカー
ミサワホーム、 ヤマダ・エスバイエル

家づくりの主な工法3［プレハブ住宅③］

コンクリート系

工場でつくられ、養生した鉄筋コンクリートのパネルを現場で組み立てる工法

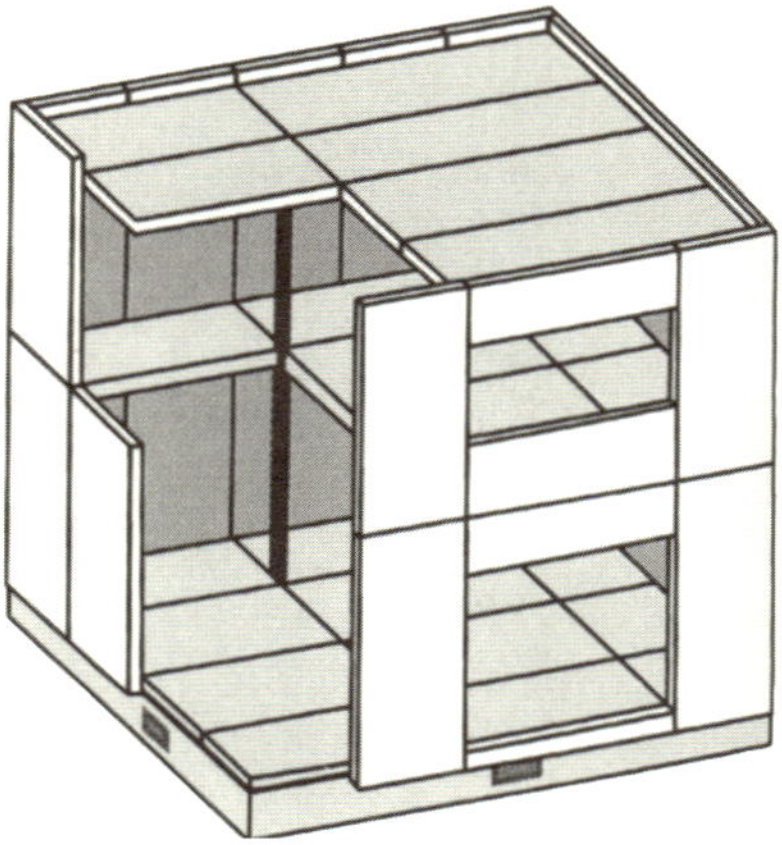

メリット

- 耐久性・耐火性に優れている。
- 防火地域にも建てられる耐火建築物。
- 遮音性が高い。
- 現場打ちコンクリートに比べて品質が安定している。

デメリット

- 重量があるため、地盤に注意が必要。
- 間取りに制限があり、設計の自由度は低い。
- 着工後の変更ができない。
- 増改築に対応しにくい。
- 工期のメリットはあまりない。

代表的メーカー
大成建設ハウジング

家づくりの主な工法4［プレハブ住宅④］

ユニット系

究極の「工業化住宅」
家づくりの80%以上を工場で生産

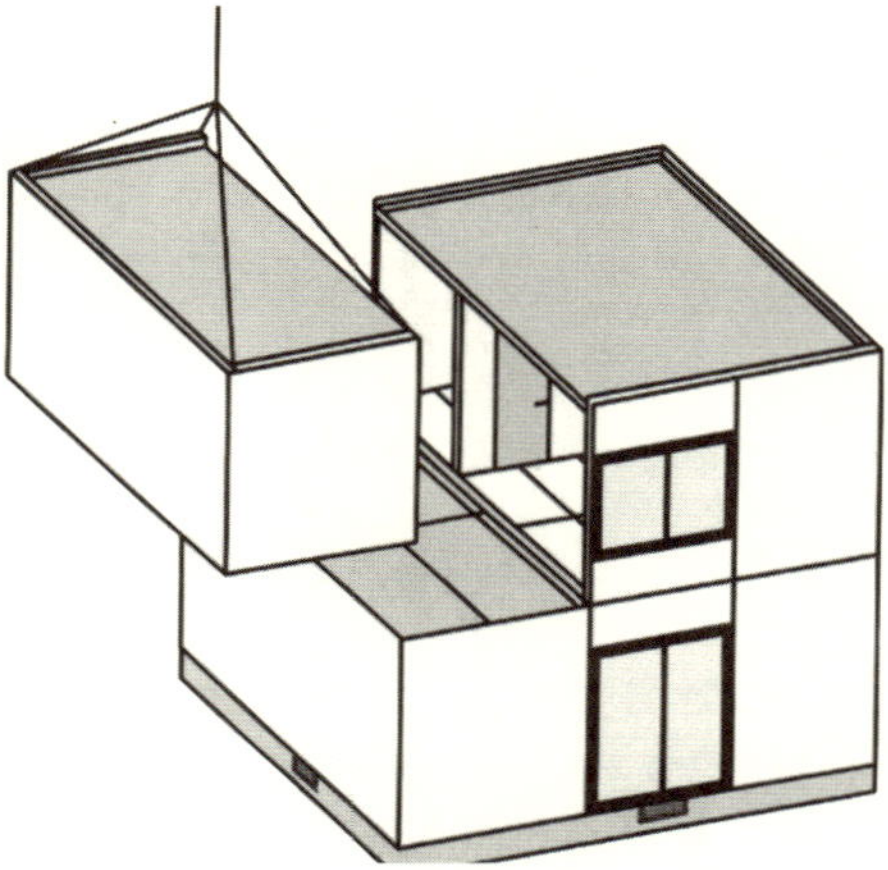

メリット

- 工場で大半を製作するので、精度が高く、品質が安定している。
- 耐震性・耐風性・耐火性に優れている。
- 断熱性・気密性が高い。
- 工期が最も短い。仮住まいの期間が短くてすむ。

デメリット

- 間取りや外観のデザインに制限がある。
- 狭小地や変形地には対応しにくい。
- ユニットをクレーンで組み立てるので、狭小地で入れない場所には建てられない。
- 工場生産なので、発注後の変更がしにくい。

代表的メーカー
セキスイハイム、トヨタホーム（一部）

家づくりの主な工法5［木造住宅①］

木造軸組（在来）工法

日本の昔ながらの住宅工法
木の柱と梁、筋交いで構成

メリット

- 壁などの構造的な制約が少ないため、設計やデザインの自由度が高い。
- 柱の位置を自由に設定できるため、狭少・変形敷地にも対応しやすい。
- 開口部をとりやすい工法であり、増改築もしやすい。
- 工務店をはじめ多くのメーカーがあり、価格幅が広い。

デメリット

- かつては大工さんの技術力による精度のバラツキがあった。
- 耐力壁の量と配置が重要である工法のため、構造の知識が必要。
- 緊結金物が適切に配置されているかどうかのチェックが重要。
- 木材の特性上、構造材の防腐・防蟻処理が肝心。

代表的メーカー
住友林業、一条工務店 木下工務店

家づくりの主な工法6［木造住宅②］

2×4(ツーバイフォー)工法

北米から輸入された工法
床、壁、天井の「面」で構成

メリット

- 床、壁、天井の「面」で構成された箱構造のため、耐震性が高い。
- すき間ができにくく木造なので、断熱性・気密性に優れている。
- 火に強い石膏ボードを壁地に張りめぐらせるため耐火性も高い。
- 柱の出ない広々した空間が簡単につくれる。

デメリット

- 面で支える工法なので、開口部の位置や大きさなどにやや制限はある。
- 将来の増改築が予定される場合には、プランニングに特に注意(構造上、どうしても取り除けない壁があるので)。
- 1階ごとに現場で組み上げていくので、上棟までに時間がかかる。

代表的メーカー
三井ホーム、三菱地所ホーム、 住友不動産、東急ホームズ

―第2部―

家づくりの授業

1時間目「多くの人が悩む問題」の授業

「家」と一言で言っても、自己居住用・賃貸住宅・店舗併用住宅と、住まいの目的はさまざまです。

　賃貸住宅は、土地の所有者が遊休地を活用しての節税対策や賃料収入を目的としており、自己居住用とは家づくりのコンセプトがそもそも異なります。ここでは自己居住用について話を進めていくこととします。

　登場人物は、30代夫婦、40代夫婦＋小学生２人、60代夫婦＋社会人の子供２人という構成の３家族。


　皆さん、実際に私のところにご相談に来られた、これから家づくりをスタートさせようという方々ですが、その相談内容は、「家を建てよう」と思った多くの方々がまず悩む、かなり共通した問題と言っても過言ではありません。

　まずは、そうした質問に答えるところから、家づくりの授業をスタートさせたいと思います。

多くの人が悩む問題①
建売か？ 注文住宅か？
30代Aさん夫婦からの相談

市村　なぜ家を建てようと思ったのですか？

夫　結婚してから5年間、賃貸住宅に住んでいますが、あるとき二人で家計について話をしていたとき、年間の家賃総額が200万円にもなっているという話になったんです。今までに1000万円も家賃を払ったことを考え、なんかもったいないと思い、いっそのこと家を買おうかと。

そこで住宅雑誌やインターネットで調べると、毎月20万円の返済額で35年返済だと約6000万円借り入れられることがわかりました。頭金は親が援助してくれるというので、これならなんとかなりそうだと。

市村　家づくりをスタートさせた段階で、はじめに検討したことは何でしたか？

夫　マンションか一戸建てかですね。ただ、マンションだといずれまた家を建てることになるだろうからと、一戸建てにすることに決め、土地を購入してハウスメーカーなどに注文住宅をお願いするか、建売住宅を購入するか検討に入りました。

市村　検討に入った段階で、情報の収集はどのようにしましたか？

妻　ネットでの情報収集から始めました。夫婦二人とも仕事をしているので、勤務時間のことを考えて東京城南地区を最初に考えましたが、やはりこのエリアは高いですね。そこで少しでも安くする方法を考えたんですが、本日、先生に教えていただきたいのは次の2点です。

①建築条件付きの物件はどうか

②土地を取得するに際して、旗竿の土地は比較的安いけど問題はあるか

それぞれ検討している不動産のチラシを持ってきました。

市村　わかりました。初めに「建築条件付き」から説明しましょう。

「建築条件付き売地」とは、通常なら土地の購入と建物の建築は依頼する相手が別であるところを一つにしてしまい、売主が指定する建築業者に工事をさせることを条件として売り出されている土地です。ただし、土地と建築を抱き合わせで契約するのは独占禁止法に抵触するので、業界としては次の3原則を基本ルールとしています。

①不動産売買契約後、3カ月程度で建築請負契約を結ぶことを条件とする。

②建築請負契約が締結できなかった場合、土地に対する手数料も含め一切の預り金を返還する。（停止条件）

③建築を請け負う業者は、土地の売主（その子会社を含む）またはその代理人でなくてはいけない。

つまり、土地を売買したあと3カ月くらい日を置いて、家のほうの契約をしなければならないのですが、この原則を守らない業者が実に多いのです。

売主としては、土地の売買契約をして3カ月後に建築の請負契約をしてくれないと白紙解約になってしまうので、土地の売買契約と建物の請負契約を同時にしてしまおうとする。「土地の売買契約と建物の請負契約を同時にしてもいいというお客様がほかにもいますので」という殺し文句で、買主に同時契約を迫るわけです。

その場合、契約内容がきちんとしていればまだいいのですが、本来、建物の請負契約に添付すべき設計図・見積内訳書などの詳細が不明なまま契約を結んでしまうことが多い。売主は「契約後にいくらでも変更できますから」と調子のいいことを言いますが、変更すれば当然金額も変更となります。そのときに、請負契約時の設計図と見積内訳書がなければ、金額がどのように変更になったかが全くわかりません。多くは想定外の追加金額が発生し、トラブルになるわけです。

建築条件付きの場合は、最低限土地の売買契約締結後３カ月以内という建築の請負契約の原則を守る売主を選ぶべきです。

夫　建築条件付きには、そういう問題があるんですね。私たちが検討している不動産のチラシを持参しましたが、チラシ１は何か問題ありますか?

市村　このチラシ情報だけでアドバイスするとしたら、まず接道状況の項目で道路の幅員が４ｍ未満なので、セットバック（後退）が必要になりますね。

建築基準法では、住宅を建てる土地は幅員４ｍ以上の道路に敷地が２ｍ以上接していなければなりません。道路幅員が４ｍ未満の場合、道路中心から２ｍ後退したところを道路境界線とみなしますから、使える土地は少し狭くなりますね。

西道路は３・３ｍですから（４−３・３）÷２＝０・35ｍ。北道路は２・７ｍですから（４−２・７）÷２＝０・65ｍ。それぞれ後退した部分は敷地面積として除外されます。土地面積43・91㎡と書いてありますが、これがセットバック後の面積なのか不明ですね。

夫　道路後退後の面積に容積率の２００％を掛け合わせないといけないということでしょうか。

市村　その通りです。ただ、この物件概要には容積率２００％と書いてありますが、道路幅員が12ｍ未満の場合、第１種住居専用地域ですから容積率は前面道路幅員（みなし４ｍ）の40％になります。つまり４×40％＝１６０％となります。

妻　チラシに書いてある容積率は正しくないということですか?　間違った情報を掲載し

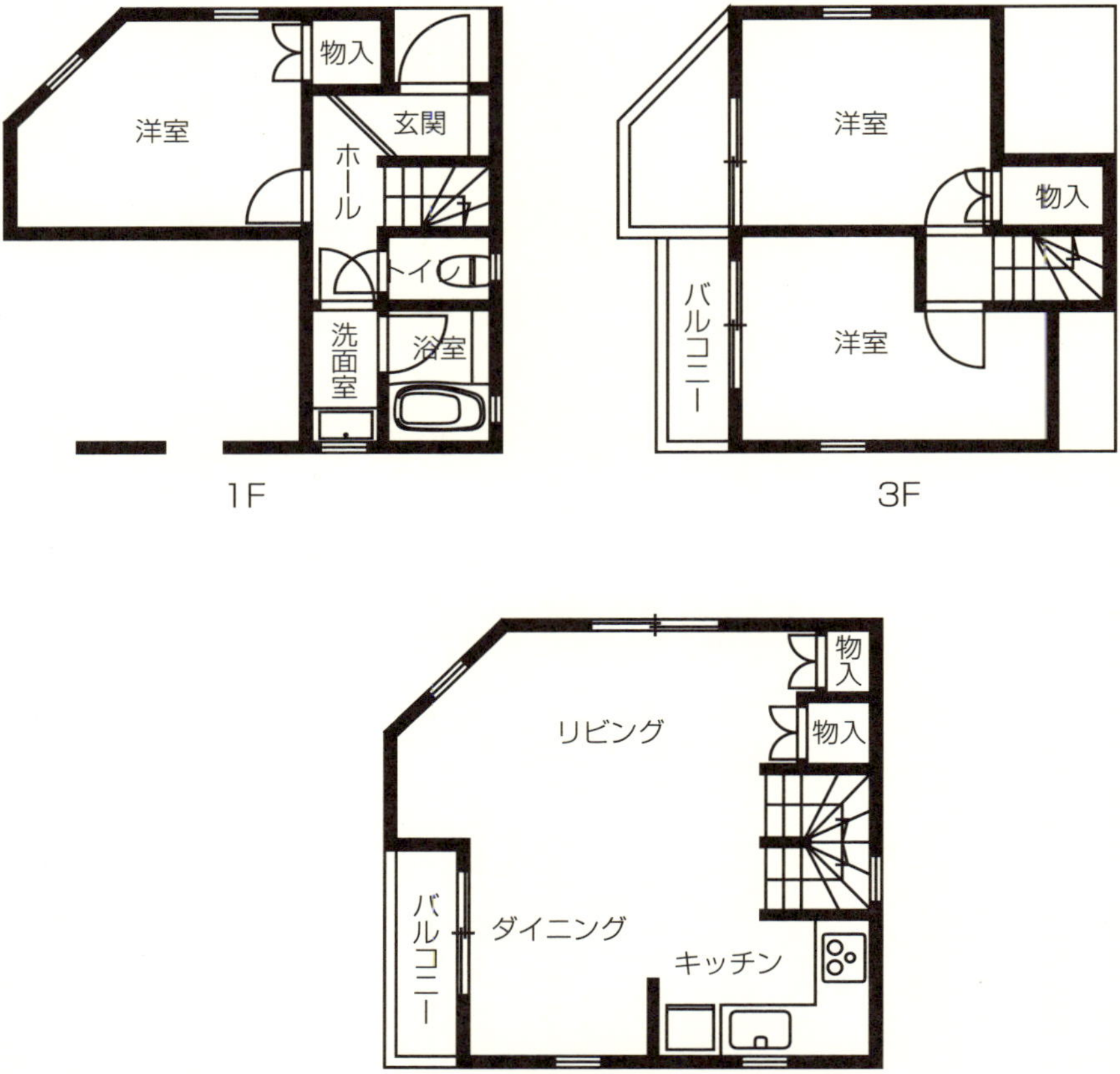

●土地面積　43.91㎡
●用途地域　1種住居
●建ぺい率　60%　容積率　200%
●接道状況　西　3.3m　公道
　　　　　　北　2.7m　公道
●条件等　　建築条件付き

チラシ1の間取り図と物件情報の一部

市村　ても問題はないのでしょうか？
はい。残念ながら不動産情報としては、都市計画法で決められた200％と書いても間違いではない。ただ、実際は違うわけですから、親切ではないですね。もう一つ、チラシに参考プランが載っていますね。これを専門的に見るといろいろ問題がありますが、わかりやすいのは階段です。

妻　階段のどこが問題なんでしょうか？

市村　木造住宅ですから常識的に考えて、階段の幅は壁の中心線で910ミリだと思います。問題は回り階段部分です。910ミリ×910ミリの部分を4段で回っていますね。これは建築基準法違反です。階段の踏面《ふみづら》（足を乗せる部分）が不足します。
違反なだけでなく、実際に2階から急いで降りてきたら危険な階段ですし、引越しのときの大きな荷物は階段から2階以上へ搬入できませんね。

妻　たったこれだけの資料でも法律に違反していたり、危険な階段だったりと、なんでこんな物件情報がネットで正々堂々と掲載されているのでしょうか。

市村　残念ながら、建築のプロが見れば首をかしげたくなる情報が多いのは事実です。なにせ高い買い物ですから、正しい情報かどうか見極めのできるアドバイザーに相談することでしょうね。

夫　では、次のチラシ2はどうでしょう。

市村　この土地は、間口が狭くて奥が家の敷地となる、いわゆる旗竿の土地ですね。路地状敷地とも言いますが。このチラシには路地部分の敷地の長さが記載されていませんので、この土地の問題点を抽出しましょう。
路地状敷地の場合のチェックポイントの基本は、路地の長さ、ならびに道路との高低差の関係。路地の長さが長いと、排水管に必要な勾配が取りきれるかどうかですね。

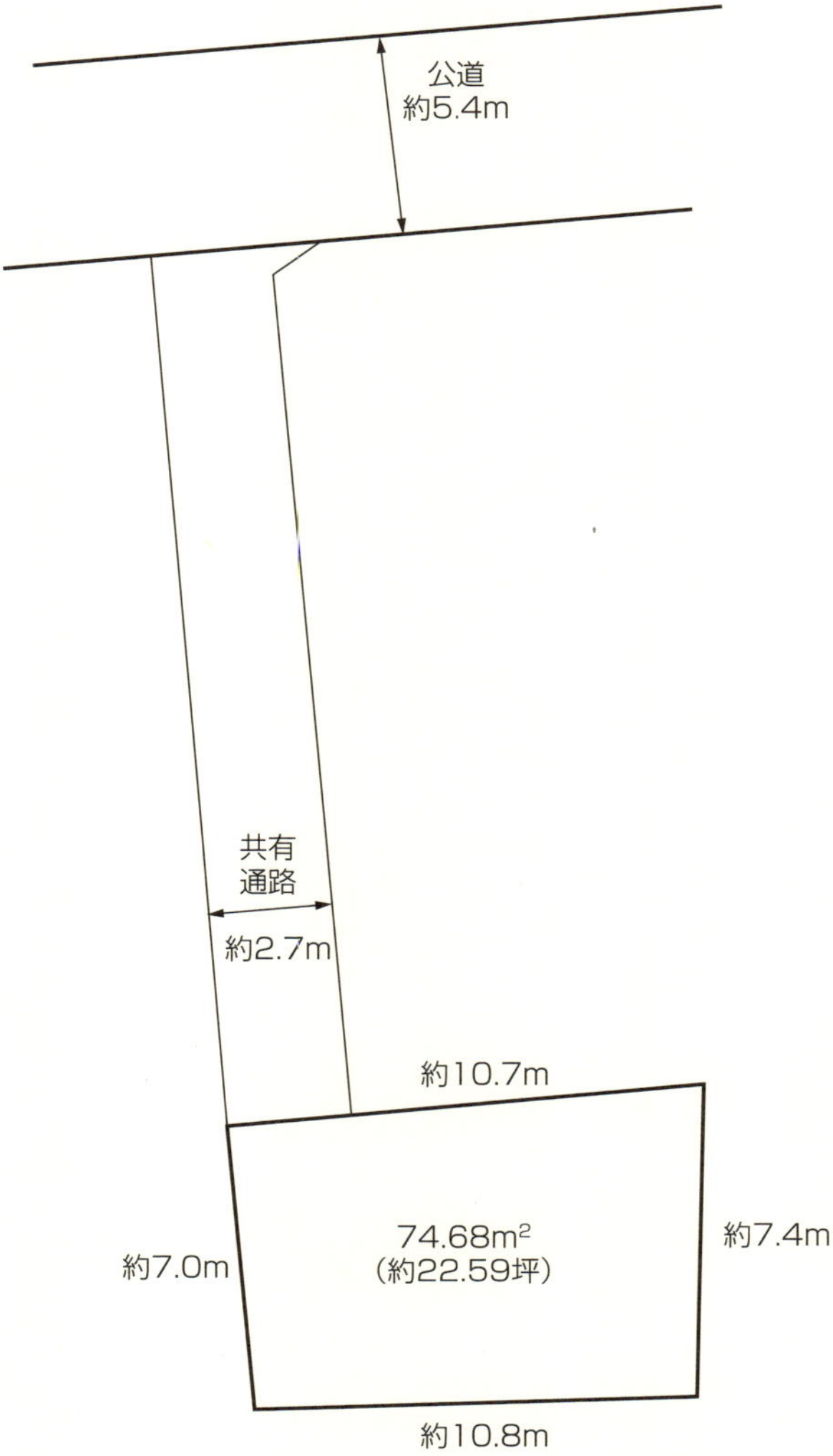

チラシ２の敷地図

夫　雨水と汚水が排水管を通って敷地内の最終枡に集まり、そこから道路の下水管に接続します。水下である下水管の深さから逆算して水上の排水管の深さが100分の1未満になるようだと問題になります。

市村　間口のところが奥に長いと、排水管の勾配が取れないことがあるということですね。

夫　特に、敷地の地盤の高さと道路の高さが同じだと要注意ということです。

市村　下水管の深さを調べることはできるんですか？

妻　下水道局や下水道課で調べることができます。

市村　それ以外に注意する点は何かありますか？

次には路地状の幅員です。東京都安全条例では次のようになっています。

（路地状敷地の形態）

第三条　建築物の敷地が路地状部分のみによって道路（都市計画区域外の建築物の敷地にあっては、道とする。以下同じ。）に接する場合には、その敷地の路地状部分の幅員は、路地状部分の長さに応じて、次の表に掲げる幅員以上としなければならない。ただし、建築物の配置、用途及び構造、建築物の周囲の空地の状況その他土地及び周囲の状況により知事が安全上支障がないと認める場合は、この限りでない。

敷地の路地状部分の長さ
幅員：二十メートル以下のものは二メートル
幅員：二十メートルを超えるものは三メートル

東京都以外でも同様な規定があるので、確認が必要です。

妻　チラシには、このような規定は全く書いてないですよね？

市村　本来は書くべきですが、土地を購入するかどうかわからない段階のチラシでは、書かないことが多いです。購入する段階で、重要事項説明書にこれを書かないと業法違反になりますが、重要事項説明書は契約当日に説明する業者が多いので、その段階で初めてわかるということもあります。

妻　契約日に知って問題があるとなっても困ります。事前に知るにはどうしたらいいでしょうか。

市村　確かに一般の消費者には調べる方法がわかりませんね。ずるいやり方かもしれませんが、一つ手があります。自分が購入を検討する土地が決まったら、大手ハウスメーカーを訪問して、「この土地に家を建てることになるので、どのような家が建つか設計してくれますか？」と相談する。ハウスメーカーはお客さんが欲しいですから、土地の調査をした上で無料で基本設計をしてくれます。これでおおよその問題点はわかります。

妻　へぇー、素人にはわからないことだらけです。少し時間をかけてじっくりと検討したほうが良さそうですね。

市村　土地や建売を購入する場合、売主はなんとか早く売却して資金回収を急ぎたいわけです。そのためにはあの手この手で商談してきますが、買主としては「ここに決めよう」と結論を出したときに一度クールダウンして、冷静に考える時間を持つことが大変重要です。

夫　確かにそうですね。いろいろありがとうございました。

この相談例を一番先に紹介したのは、この方と同じような相談が実に多いからです。土地を買うと同時に建売の購入契約をして、「こんなはずでは?」と不安に思ってから相談に来る方が多いのです。しかし、残念ながら契約後には、売主買主ともに同じ権利義務が発生しますから、それを白紙に戻すことはできず、私にできることは限られてしまいます。

家賃は毎月家計から消えてしまうので、早くマイホームが欲しいという気持ちは理解できますが、後悔しない家づくりのための授業料とお考えいただき、焦らず時間をかけて進めること、そして契約前に専門家に相談することがポイントです。

■多くの人が悩む問題②■
二世帯住宅のプランづくりが悩ましいBさん（40代夫婦＋子供2人）からの相談

夫　今年のお正月に妻の実家におじゃました際に、両親から「この家も古くなったし、君たちもいつまでも借家住まいでは大変だろうから、一緒に新しい家を建てないか?」と相談があって、妻とも相談して二世帯住宅を建てようと検討に入りました。

市村　家づくりは現在、どの段階まで来ていますか?

夫　ハウスメーカー2社と話を進めて、すでに間取りがほぼかたまり、これから見積りをしてもらう状況です。今日は間取りをお持ちしましたので、何か問題でもあれば教えていただければと思います。

市村　同居されるご家族の構成を教えていただけますか。

夫　私が45歳会社員、妻42歳専業主婦、長男13歳、

長女10歳、妻の父74歳、母73歳です。

市村　ありがとうございます。ハウスメーカー2社の間取りの提案は、ご家族皆様のお考えを満たすもののようですね。

妻　両親の希望もほぼ取り入れられていますので、良い提案をしてもらったと思います。

市村　新築を計画されるとき、多くの方は完成した瞬間がベストな家を考えがちです。水を差すようで申し訳ありませんが、今からスタートしても完成はおおよそ1年後です。そのとき家族は皆1つ歳を重ねています。さて、10年後はどうでしょう。さらに20年後の皆さんの年齢は何歳になるでしょうか。

夫　20年後、私は65歳、父は94歳、長男は33歳ですね。ひょっとすると両親は他界し、子供たちは独立している可能性が高いですね。

市村　家は高い買い物ですから、人生の中で何度も建てるというわけにはいきません。つまり、一度建てた家の寿命は結構長いのですが、今いる家族全員が一緒に過ごす時間は、それに比べて意外に短いものです。つまり、どの時期にベストの家の状態とするかということで、家づくりのコンセプトが変わってきます。

夫　確かにそうですね。20年後を考えれば、提案された家は広すぎますね。

市村　たとえば今回の家づくりが、10年前にスタートしていたとしたら、現在の家族構成が新築後10年となり、現在から10年後でも家族構成の大きな変化はないと思います。

妻　なるほど、先生のおっしゃることはよく理解できました。少なくとも10〜20年後の家族構成の変化を考え、大きな変化が起きたときにリノベーションなどできるような工夫をしておきなさいということですね。

先生　その通りです。たとえば二世帯住宅の間取りを大きく分けると、同居型と分離型があります。

過去にハウスメーカーが提案した実例を参考までにお話しすると、A案は、玄関が両世帯共用で1階は親世帯、2階が子世帯の案です。この案は新築時にベストな案と言えます。

ただし10年後、20年後の家族構成の変化に対応するためには、大幅な改築が必要となります。場合によっては構造上、満足のいく改築ができない可能性がありますね。

B案は、1階は親世帯、2階が子世帯でそれぞれが独立しており、内部階段で往来ができる案です。将来、内部階段を物入れ等に変更し、どちらかの階を賃貸にすることも可能です。

C案は極端な例ですが、左右それぞれに二世帯を配置し、内部で往来できるようにしています。将来賃貸にするか、あるいは最悪売却する場合でも敷地を分筆して売却可能な案です。たまたまこの案では左右同じ

妻　間取りですが、必要に応じて親・子世帯、自由な間取りにすればいいでしょう。

A案は、まさしく私たちが考えていた間取りのコンセプトですね。ただ、確かにこれでは将来家族構成の変化に対応できないことがわかります。

市村　二世帯住宅の場合、家族の年代によっても間取りの計画が大きく変わることがおわかりいただけたかと思います。

A 案

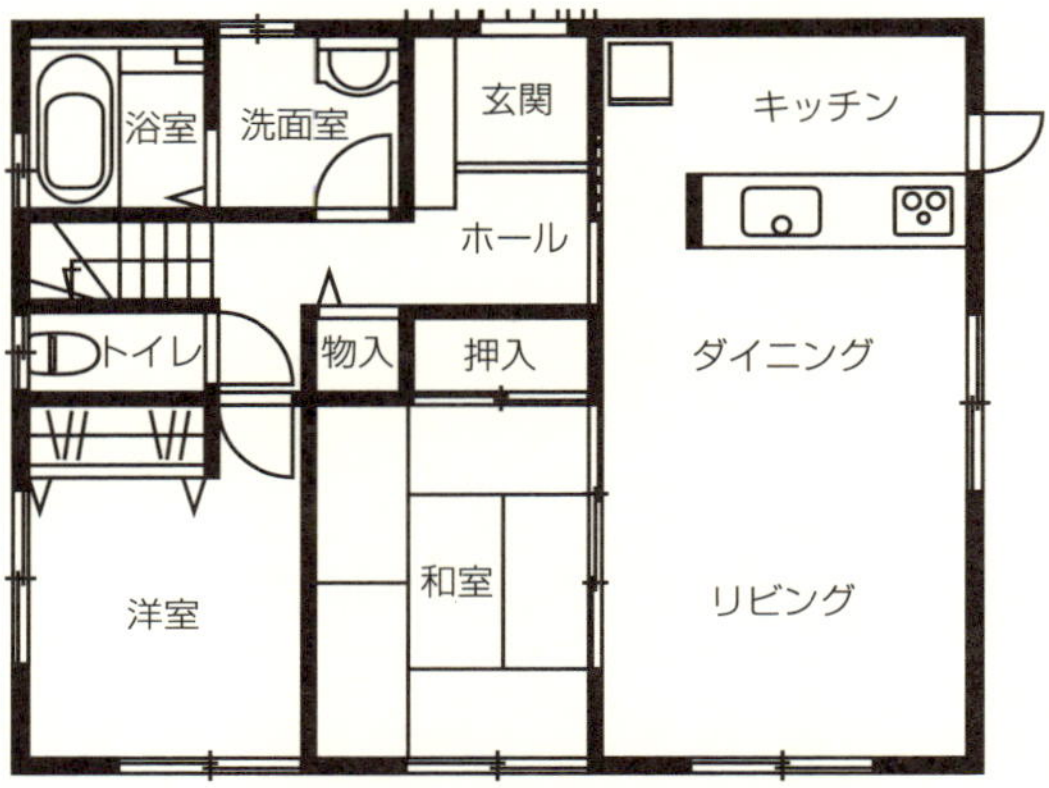
浴室
洗面室
玄関
キッチン
ホール
トイレ
物入
押入
ダイニング
和室
洋室
リビング

1F

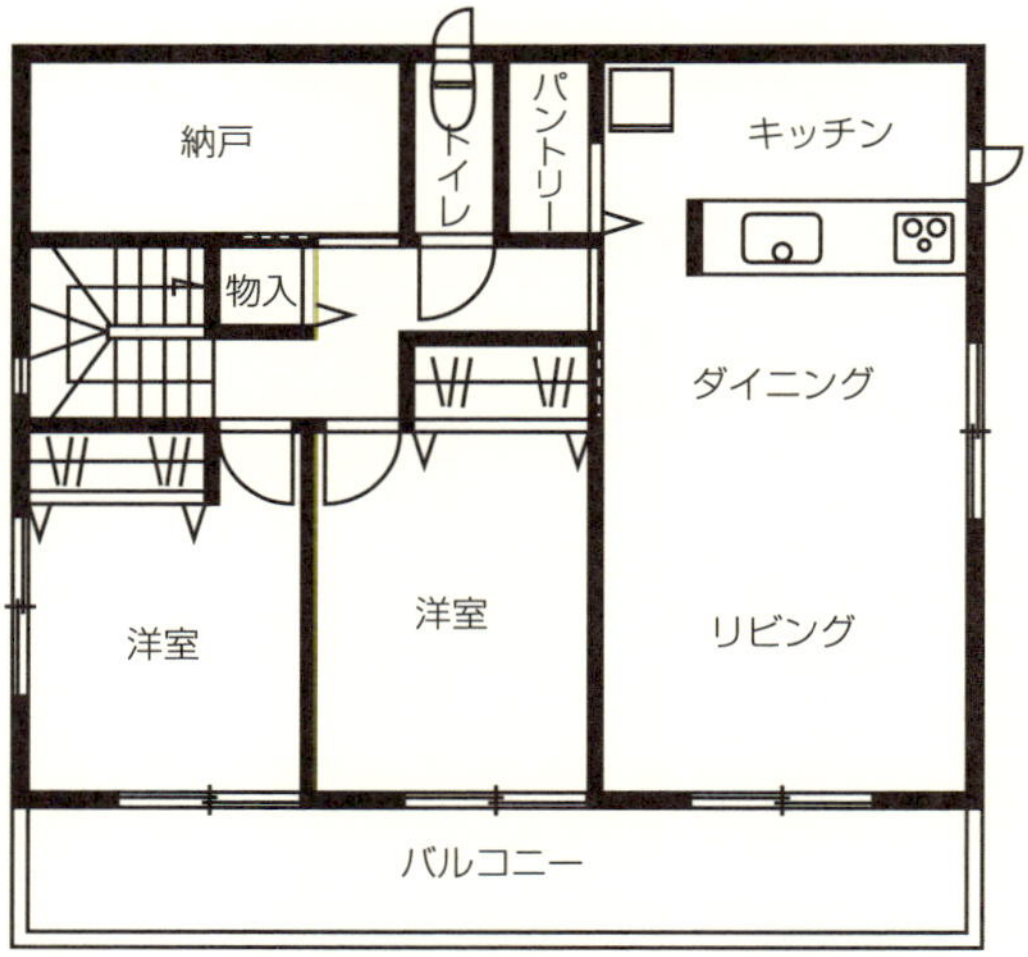
納戸
トイレ
パントリー
キッチン
物入
ダイニング
洋室
洋室
リビング
バルコニー

2F

B案

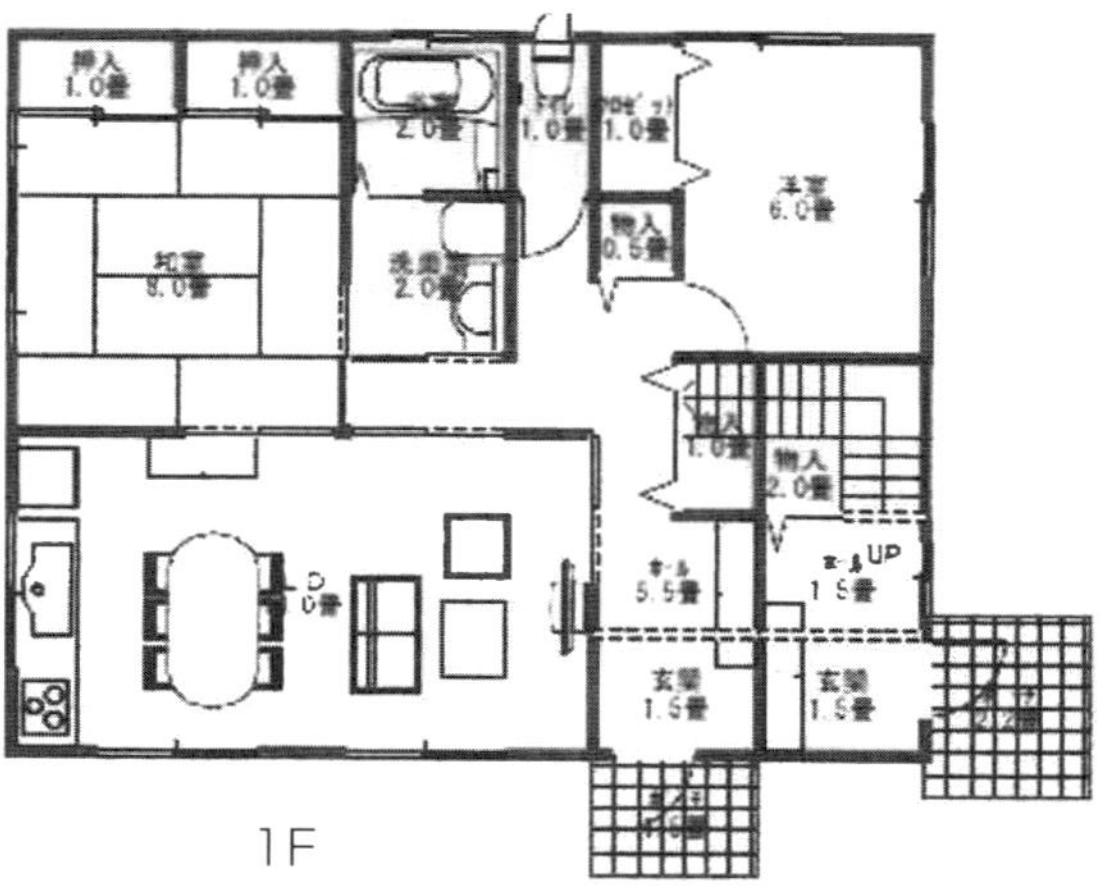

1F

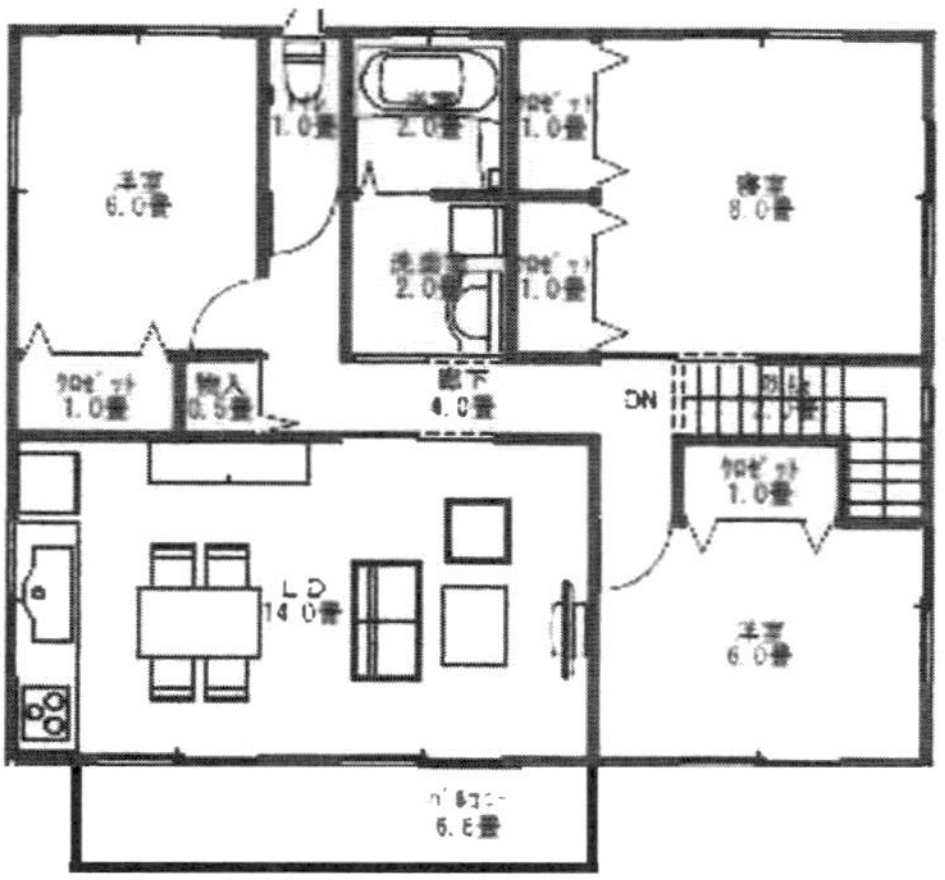

2F

C案

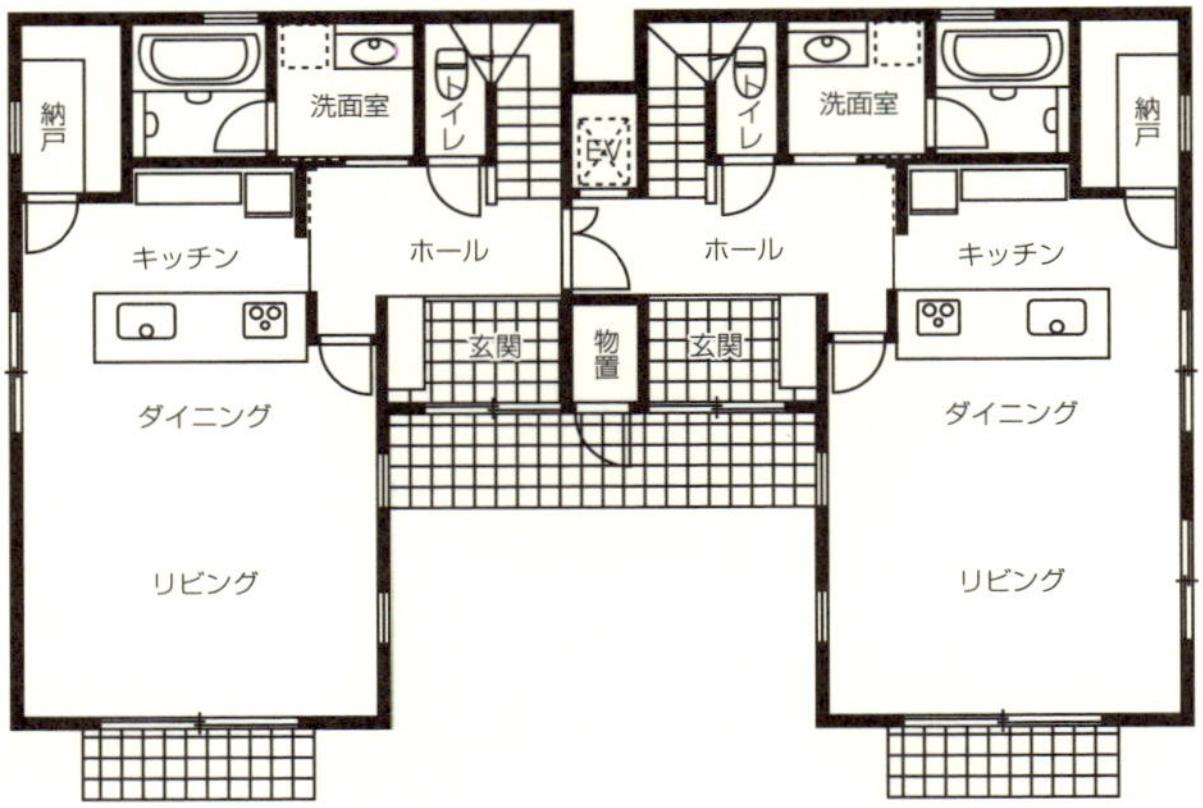
納戸
洗面室
トイレ
EV
トイレ
洗面室
納戸
キッチン
ホール
ホール
キッチン
玄関
物置
玄関
ダイニング
ダイニング
リビング
リビング

1F

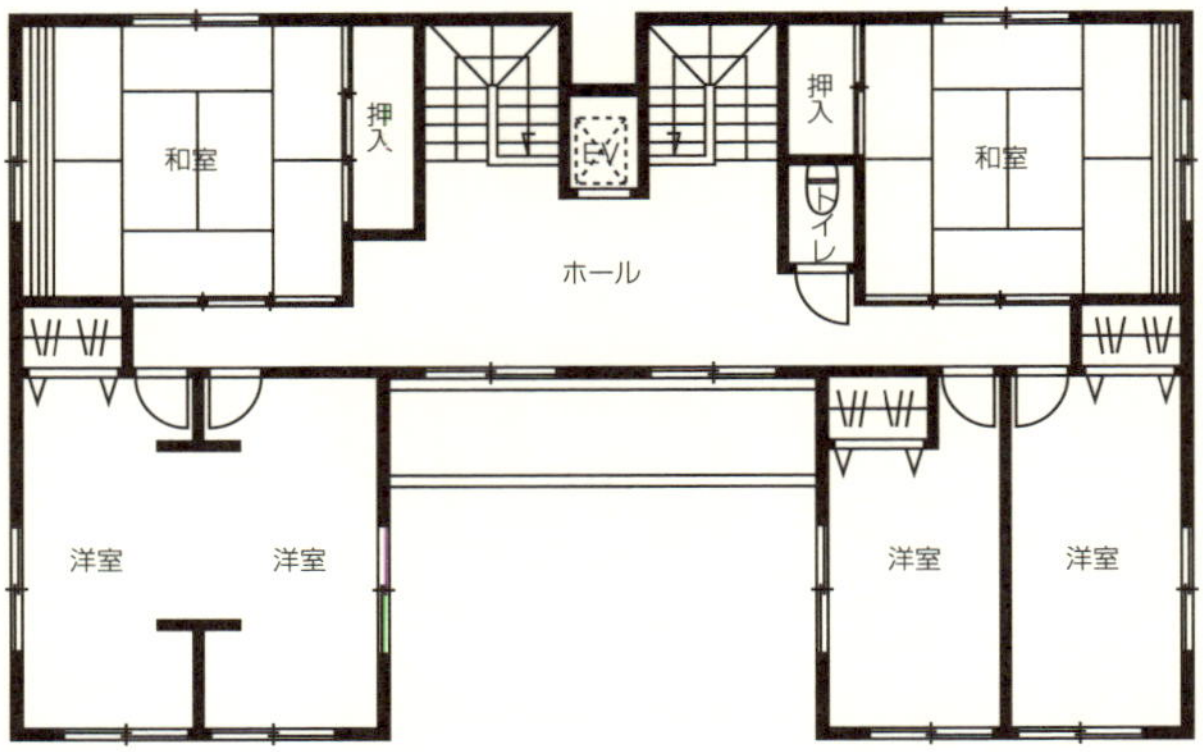
和室
押入
EV
押入
和室
トイレ
ホール
洋室
洋室
洋室
洋室

2F

■多くの人が悩む問題③■
メンテンスフリーな家ってどんな家？
60代夫婦＋社会人の子供2人からの相談

市村　今回はお建て替えとのことですが、どうして家を建て替えることになりましたか？

夫　実は、今の家は私たちの結婚を機に私の父が建てたもので、今年で36年目になります。子供たちも独立した現在、妻と二人きりで住むには広すぎるし、なにせ相当ガタがきており、毎年のようにあちこち修繕している状態です。

市村　なるほど、それで思い切って建て替えを。

夫　はい。私もあと2年で定年退職しますので、住宅ローンは利用しないで、こぢんまりとした家にしようと考えています。そこで質問があります。現在の家がそうですが、長いこと経過するとメンテナンス費用が結構負担になります。私たちの場合は年金生活になりますので、できるだけメンテナンスが必要ない家を望むわけです。

市村　そのお考えは正しいと思いますが……。

夫　先日ハウスメーカーのモデルハウスを訪問したときに、社員の方が「当社の外壁はメンテナンスが必要ありません」と説明していました。私たちの希望を叶えてくれると喜んだのですが、本当にメンテナンスは必要ないのでしょうか。

市村　その話はよく聞きますね。おそらく鉄骨系メーカーの○○ホームだと思いますが、外壁に使用しているタイルは、光触媒を施したタイルで、光触媒は太陽光など紫外線を含む光を当てるだけで、抗菌や脱臭、汚れ防止、曇り止めなどの効果が得られます。
確かにタイルそのものは、従前のタイルに比べて長期的にメンテナンスが必要ないのは事実です。ところが、建物の外部はタイルだけで構成されてはいません。ご存知のように屋根もあるし、サッシ・バルコニーなどタイル以外の材料がたくさん使われています。

一つの例を取り上げれば、サッシの周りや外壁を貫通している換気扇のダクトの周りに施されているコーキング材（隙間を埋める充填材）。これは紫外線や雨などにより劣化し、おおよそ15年前後で打ち変える必要があります。タイルがそうだからといって、外装全体がメンテナンスフリーだとは言えないのです。

妻　そうなんですか。永久にメンテナンスが必要ない家は難しいのでしょうか。

市村　それは難しいですね。家を新築する際には、長期修繕計画書を策定し、時期が来たら修繕をしていくことにより、長く安心して住めるわけです。家電の冷蔵庫や洗濯機等は永久に使えませんよね。給湯器だって家電製品と同じように部品の寿命があります。

夫　修繕する時期と、おおよその修繕費用はどれくらいでしょうか。

市村　新築時の屋根・外装材等によっても異なりますが、一般的には、10～15年目に修繕すべき箇所が必ずあると思います。たとえば防水・屋根材の補修・外壁材の補修・住宅設備機器の交換等ですが、予算としては200万円前後ではないでしょうか。

妻　ということは、毎年修繕費として20万円前後積み立てておけばいいということですね。

市村　そこまで考えておけば安心ですね。

多くの人が悩む問題④　家の値段は「坪単価」で比較できますか？　30代夫婦からの相談

夫　いろんなハウスメーカーから資料を取り寄せ、値段を比較しています。各社のホームページやパンフレットを見ると、家の価格が坪単価で表示されているケースが多いのですが、坪単価で考えておけば良いのでしょうか。

市村　坪単価のお話をする前に、家が完成するまでにどのような費用が必要なのかを初めに説明しておきましょう。紙面の都合上、大項目のみの説明となりますが、大きく分類すると次の3つになります。

①建築本体工事費
②付帯工事費
③諸費用

①の建築本体工事費は、建物そのものの工事費ですね。②の付帯工事費には、外部電気工事費・外部給排水工事費・ガス工事費・空調換気設備工事費・解体費・外構工事費・地盤補強費・照明器具代・カーテン代・造作家具工事費・その他特別注文した場合の費用などが含まれます。③の諸費用は、設計料・地盤調査費用・測量費・確認申請料・火災保険料・登記料・融資手数料などですね。

妻　いろいろな費用項目があるんですね。

市村　一軒の家ですから、いろんな要素が入るわけですね。そこで坪単価の話に戻りますが、問題は、坪単価は一体どこまでの費用を含んでいるかということです。それによって、当然単価が変わります。ですから坪単価で比較検討するときは、①だけの坪単価なのか、それとも②や③を含んだ坪単価なのかを知った上で、メーカーを同じ条件で比較しなければ意味がありません。

夫　なるほど。具体的にはどういう注意点がありますか？

市村　まず、建物の延床面積によって坪単価が大きく変わりますね。たとえば専用住宅で、延床面積が25坪と45坪のケースで考えてみましょう。いずれの建物もトイレが2カ所、洗面所・浴室・キッチンは1カ所とします。これらの住宅設備機器が同じ仕様なら、これらの値段は何坪の家であっても同じになります。その値段を仮に180万円前後だとしましょうか。となると、25坪で割れば1坪7・2万円、45坪で割れば4万円。このように、家の延床面積が大きいほど坪単価は安くなる傾向がありますから、同じ面積、同じ設備機器で比較しないと比較になりません。

もう1点は、建物の間取りによっても坪単価が変わるということ。単純な矩形の総2階と複雑な間取りにした2階を比較をすると、屋根面積・外壁面積・基礎の長さが大きく変わるので、同じ延床面積でも坪単価は変わってしまいます。

妻　「あそこは坪単価いくらだからこっちのほうが安い」と、単純に考えてはいけないわけですね。

市村　坪単価で単純比較をするのは、あまり意味がないということです。親切なハウスメーカーは、注意書きで、「この坪単価は延床面積40坪の総2階建ての場合です」などと表記しています。表記がない場合は条件を確認し、各社の条件の違いを加味して比較すべきですね。

2時間目　間取りの授業

――見た目やイメージで決めるととんでもないことに

間取りと言うと、普通は「リビングはここにこの広さで置いて、天井は吹き抜けに。キッチンはここ、子供部屋はここに、お風呂はここかな」といった具合に、家内部のレイアウト（配置）をイメージしますよね。家を建てようと思ったら、机の上に置いた箱を紙で仕切っていって間取りのシミュレーションをしながら夢を膨らませる人もよくいます。

それは間違いではないのですが、実際の家を机の上の箱のように配置しようとしてもその通りにはなかなかいかない。実際の家には日が当たったり、雨が降り注いだり、周囲に邪魔なものがあったりするからです。

それと、人が住む家にとってまず大事なのはデザインではなく、安全性です。事実、非常に危険な間取りの家があちこちにありますから、そのへんの話もしていきましょう。生徒さんは、「間取り好き」の40代ビジネスマンです。

間取りを考えるときは、まず「家の外」を意識する

生徒　家を建てようかと考えているんですが、私が一番気になるのは間取りです。

市村　そういう人は多いですね。ただ、家の中をどうレイアウトするかという前に、家を建てる敷地の条件や環境を意識してください。部屋を明るくするには太陽の位置、つまりは方角が重要ですし、土地の高低差も重要な要素です。ですから、家の間取りを考える際にまず重要なことは、土地のロケーション評価をしておくことなんです。

生徒　ロケーション評価ですか？

市村　そうです。土地のロケーション評価とは、家をとりまくさまざまな環境が、家を建てる際にどれくらい影響するかを知っておくことです。具体的には、次のようなことですね。

・道路付け…家に面した道路が東西南北のどの方向かによってアプローチ、駐車場などの計画が変わります
・土地と道路の高低差…敷地が道路より低いと、汚水・雑排水等に問題が生じます
・土地に高低差があるか…基礎の計画に影響が出ます
・電柱の位置…道路の反対側か自分の土地側かによって、計画に影響が出ます
・隣家の玄関や窓の位置…間取りに影響が出ます
・近隣に高い落葉樹があるか…枯葉が樋やバルコニーにつまってしまいます

間取りを考える際、設計者はこのような条件を考慮しながら基本計画を考えるわけです。

生徒　ということは、土地を購入する時点でロケーション評価をしておかないと、建てる家に制限が出るわけですね。それと、日本は地

市村　震国ですから地盤の強さがすごく気になるんですが、地盤の強さはどうやったらわかるんでしょうか。

市村　建築基準法で、家を建てる前の地盤調査が義務づけられていますから、ハウスメーカーは必ず地盤調査をやりますね。調査の結果によっては、杭を打つなど基礎の補強が必要になります。

生徒　新たに土地を購入する場合、契約前に地盤調査をさせてくれますか？

市村　それは難しいですが、判断材料はあります。現地名や旧地名に「窪・沢・沼・田・谷」等の文字が入っていたら昔は湿地だったところ。地盤は弱いと考えていいでしょう。そうした土地を買って家を建てる場合は、別に地盤補強費が必要になると考えておいたほうがいいと思います。

■地震に弱い間取り①■「偏心率」が高い

市村　間取りの話をする前に、法律の話を少ししておきましょう。建築基準法第6条で、建物は1号から4号までの4つに分類されています。

1号建築物…特殊建築物（建築基準法別表第1（い）欄の用途のもの）かつ床面積100m²未満

2号建築物…木造かつ階数3階以下、延面積500m²以上、高さ13m未満、軒高さ9m以下のどれかにあてはまるもの

3号建築物…木造以外かつ2階以上、延面積200m²以上のどれかにあてはまるもの

4号建築物…上記以外のもの

4号建築物には、建築確認申請時に4号特例という確認申請時の審査簡略化の特例が

認められています（現在見直しが検討されている）。審査の簡略化とは、木造の2階建てで延床面積が500㎡以下であれば、構造計算は必要ないということです。

生徒　構造計算というのは、地震に対する建物の強度計算のことですよね。耐震偽装事件（姉歯事件）のときに問題になったあれですね。その計算をしないでいいということですか？

市村　そうです。一般の木造住宅は4号建築物である場合がほとんどですから、ほとんどの住宅は構造計算が必要ないわけです。

生徒　それでも大丈夫だということなんですね。

こんな間取りは要注意

市村　実は大丈夫ではない事例もあるので、具体的な間取り図を示しながら説明しましょう。その前に、間取りの話をするときに、ちょっと専門的になりますが「偏心率」という言葉を使いますので、その説明をしておきます。

左の図を見てください。簡単に言うと、地震が起こったとき建物にかかる力が地震力で、地震力は階の重心に作用すると考えられています。しかし、建物が持っている地震の横揺れ＝水平力に耐える力の中心（剛心）は必ずしも重心にあるわけではありません。この重心と剛心がどれくらい離れているかを示すのが「偏心率」で、これが大きいと部分的に部材が大きな変形を余儀なくされます。

そうした部材の損傷により、その階の耐力は低下し、地震力の集中をまねく。つまり、弱いところができると、そこに力が集まって崩壊を招く危険が生じるわけです。

2000年の建築基準法改正以来、木造住宅の偏心率は『0・3以下』と決められていますが、恐ろしいことに、多くの住宅設計デザイナーは偏心率のことなんて気にしないで設計しているのが現状です。地震でやられるのは、間違いなくそこがダメな家ですから。

生徒　施主のほうから「偏心率はいくつですか?」といきなり質問したら、メーカーさんは驚きますか（笑）?

市村　それはいい考えですね。その質問であわてた態度をとるか、きちんと答えられるかというあたりも、ハウスメーカー選びの目安になりますね。

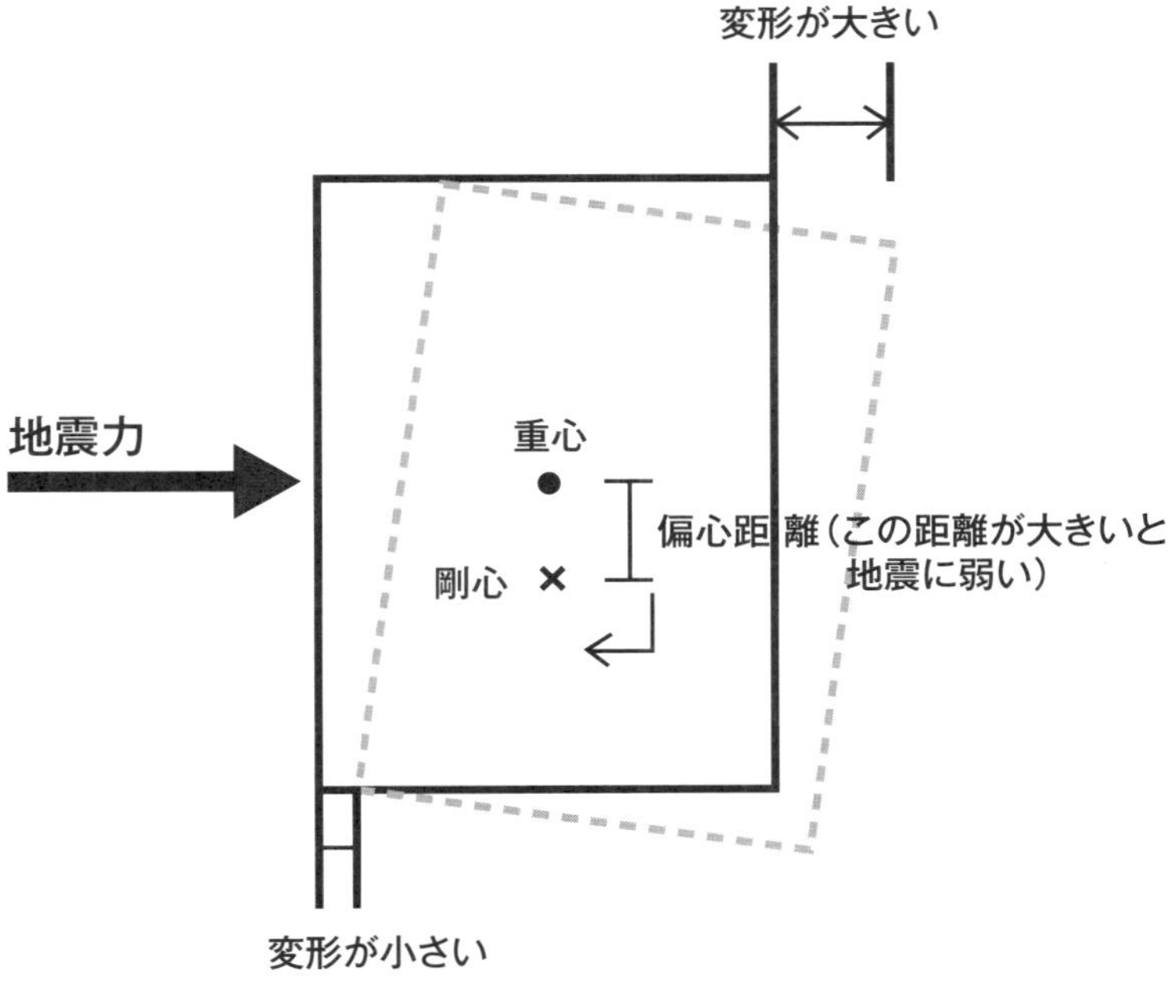

■危ない間取り②■ 人気の「中庭タイプ」

市村　図1—1はデザイナーが好んで設計する中庭タイプのプランです。敷地の幅が短い場合、中庭を設けることにより部屋に光を取り入れることができ、プライバシーが守られるといったメリットがあります。

生徒　ああ、『大改造!! 劇的ビフォーアフター』のリフォームでもよく登場しますね。

市村　ただ、この中庭タイプには一般的に構造上の弱点があるんですね。その点の補強を考慮して設計する必要があるのですが、ほとんどされていないのが実情です。この計画案の問題点は、ゲリラ豪雨時には中庭に多量の雨が降り、雨水排水処理ができなくなる恐れがあります。

図1—2は太線が壁の位置ですが、問題はAブロックとBブロックとをつなぐ部分の水平剛性が弱いということです。

この連結部分は階段と廊下とで構成されていますが、階段は2階の床がない吹き抜け状態で、連結部分は910ミリの廊下で連結されています。また、重心と剛心の距離がある（偏心率が高い）ため、図面の右の方向から地震力が働いた場合、Bブロックが線で示したように大きくねじれます。

その結果、矢印で示す部分に想定外の力が加わり、外壁や床に亀裂等が発生する可能性が高くなります。

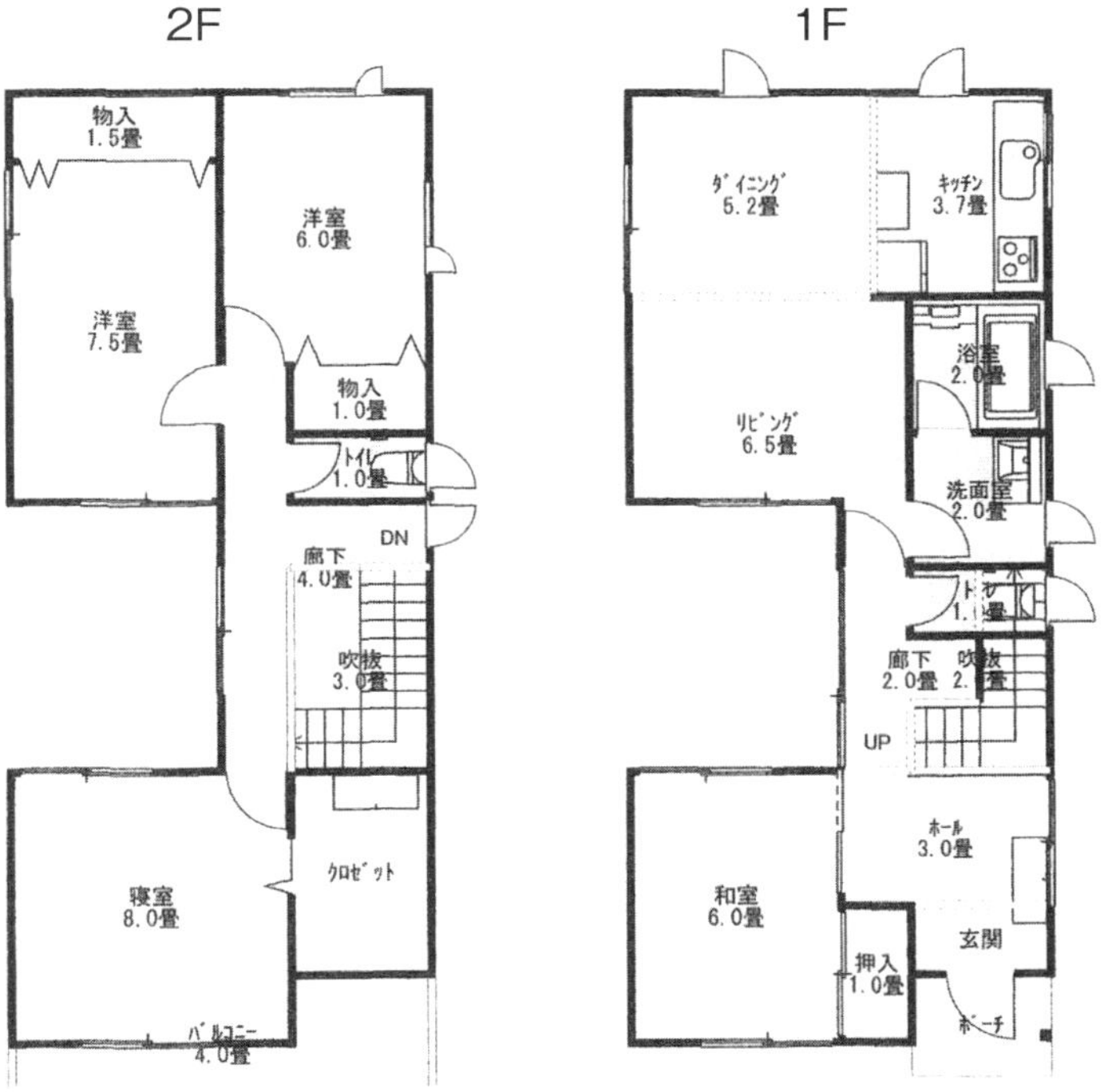
2F
物入
1.5畳
洋室
6.0畳
洋室
7.5畳
物入
1.0畳
トイレ
1.0畳
DN
廊下
4.0畳
吹抜
3.0畳
寝室
8.0畳
クロゼット
バルコニー
4.0畳
1F
ダイニング
5.2畳
キッチン
3.7畳
浴室
2.0畳
リビング
6.5畳
洗面室
2.0畳
廊下
2.0畳
吹抜
UP
ホール
3.0畳
和室
6.0畳
玄関
押入
1.0畳
ポーチ

図 1-1

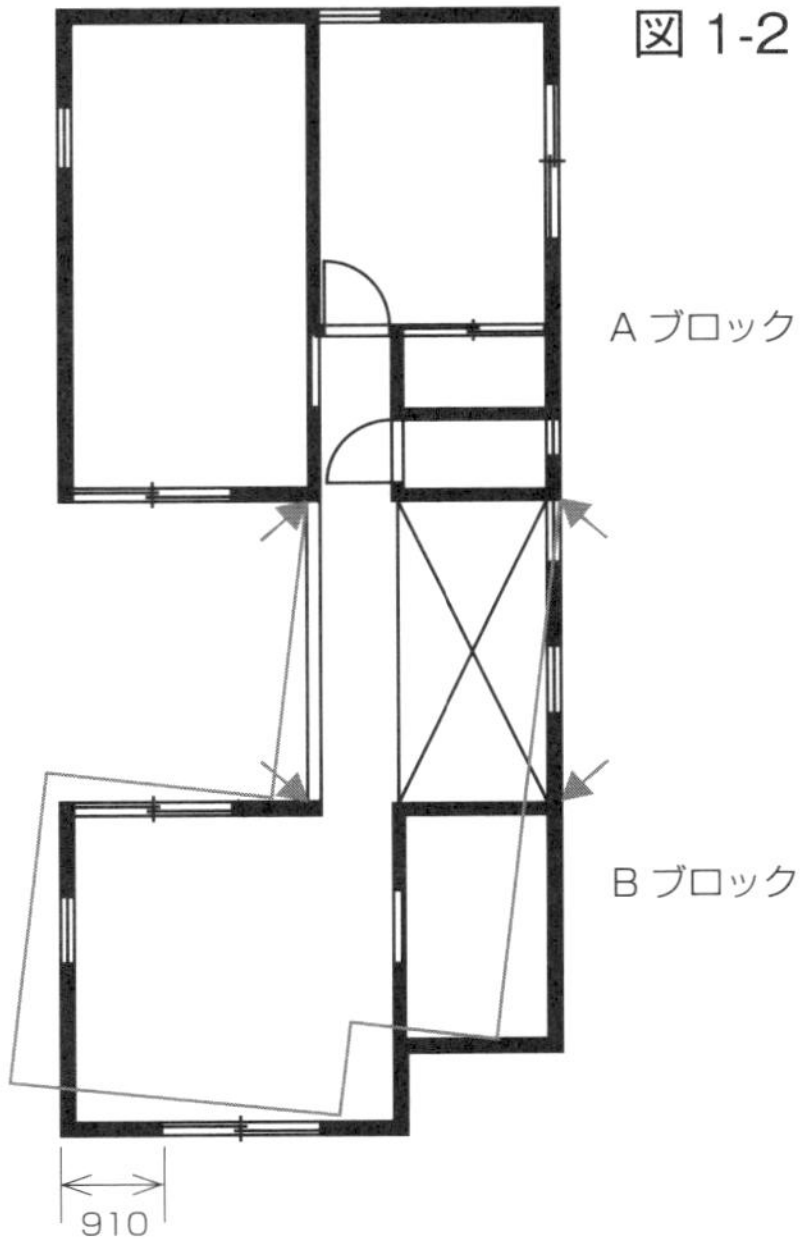
A ブロック
B ブロック
910

図 1-2

■危ない間取り③■
スキップフロア

生徒　ほかに、地震のときに危ない間取りはありますか？

市村　敷地内に高低差があったり、道路と敷地に高低差があるような場合、スキップフロアで計画することがあります。昔の家や居酒屋にはよく「小上がり」と呼ばれる、ほかよりもちょっと高くなった座敷があったりしましたが、ああいった感じで床の高さを変えて高低差を調整したりするのがスキップフロアです。図２―１～３がその設計事例です。

生徒　家の中にアクセントがついていい感じですが、これに問題が？

市村　やはり構造に問題がありますね。図２―１に示すＡブロックとＢブロックのスキップラインに壁が存在しないことが問題です。コの字型のＡブロックとＢブロックが、ス

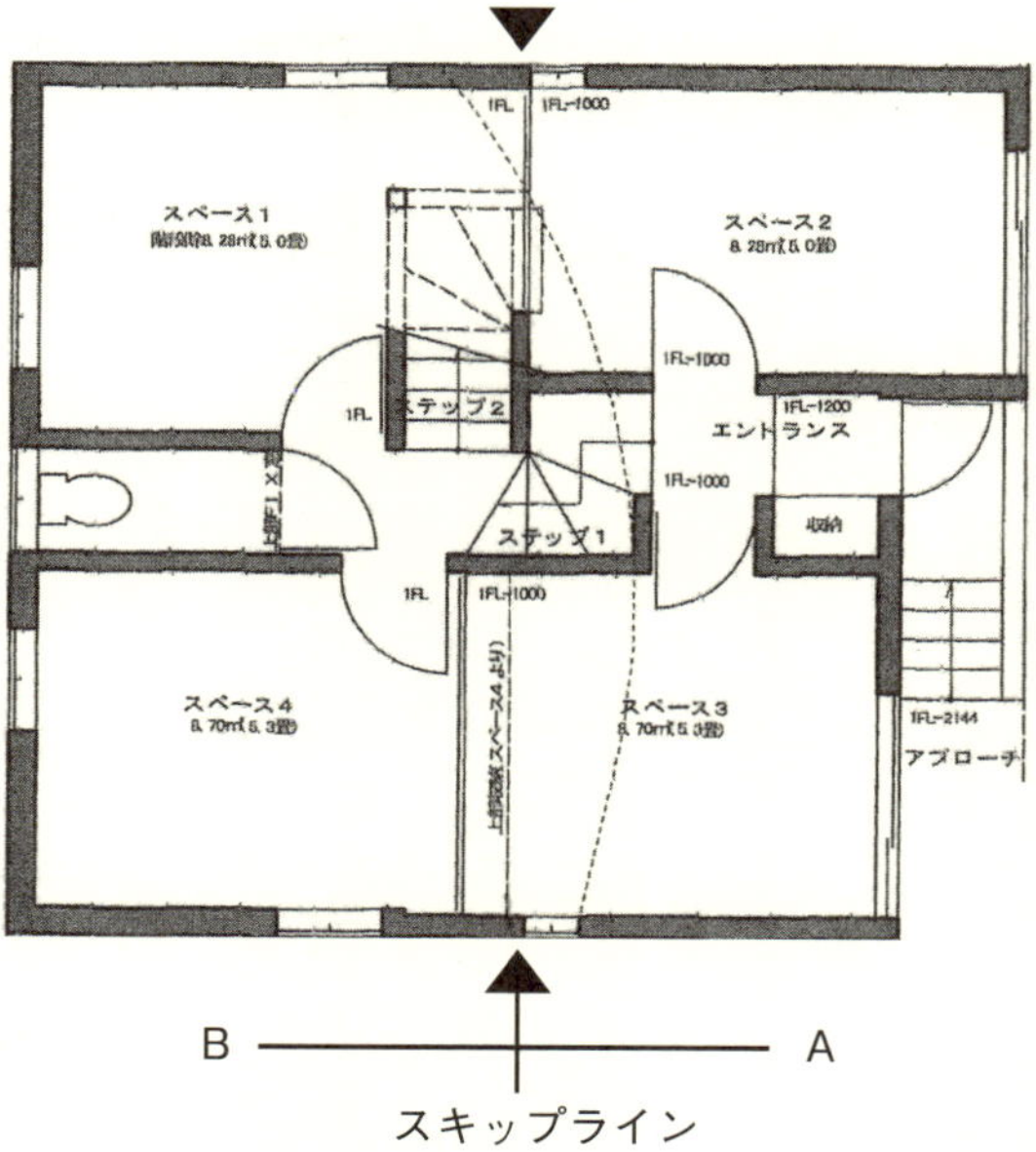

図 2-1

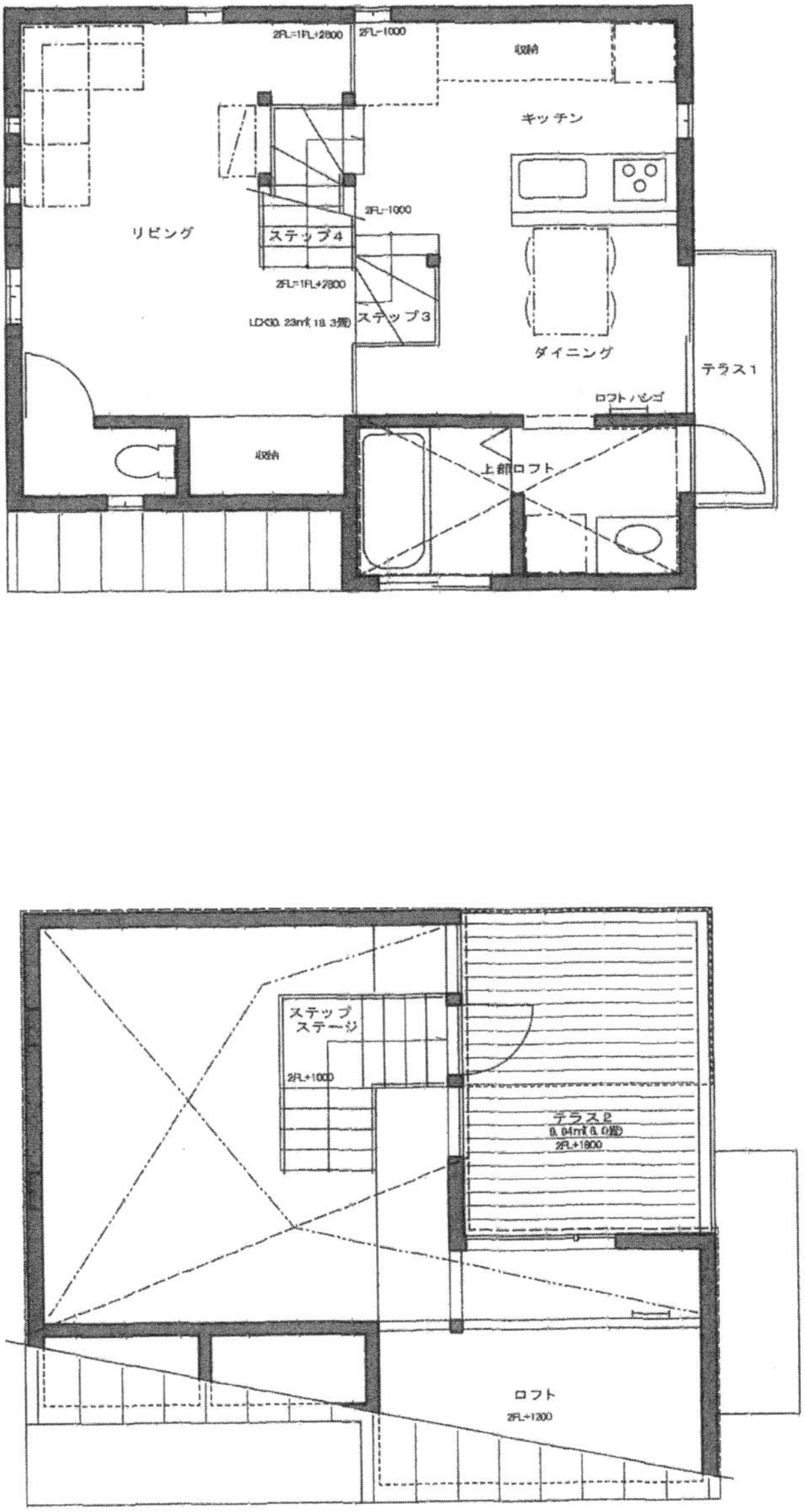
2FL=1FL+2800
2FL-1000
収納
キッチン
2FL-1000
リビング
ステップ4
2FL=1FL+2800
LDK30.23㎡(18.3畳)
ステップ3
ダイニング
テラス1
ロフトハシゴ
収納
上部ロフト
ステップ
ステージ
2FL+1000
テラス2
2FL+1800
ロフト
2FL+1200

図 2-2

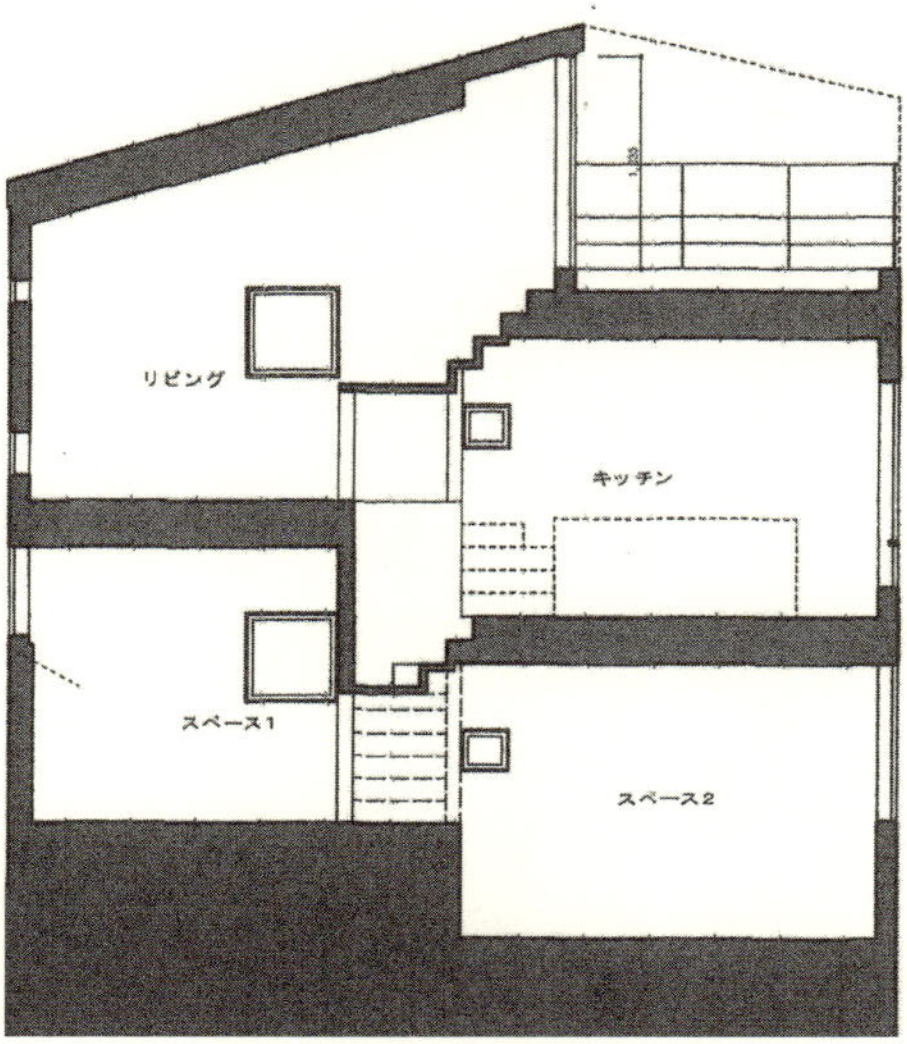

図 2-3

キップラインで接続していますね。これだと、図面の上下方向に地震力が働いたとき、A・Bブロックがそれぞれバラバラに動く恐れがあります。その結果、図2―1の三角で示す部分に想定外の力が加わり、外壁に亀裂が入る恐れがあります。

偏心率の話をしましたが、A・Bブロックをそれぞれ一つの建物と考えたとき、偏心率は0・3をはるかにオーバーしてしまい、スキップラインが図面で見て上下に揺さぶられることになるわけです。

生徒 危ないですね。

市村 スキップフロアにするのなら、スキップライン上に必ず耐力壁を設けること。それぞれのブロックの偏心率を小さくしてやることが重要になります。

■人気の間取りのデメリット

①吹き抜け

生徒　先生、吹き抜けの家にも憧れるんですが、あれは問題がありますか？

市村　ご存知の通り「吹き抜け」というのは、多くの場合、リビングなどの1階の天井をなくして空間を開放的にするわけですね。吹き抜け上部に窓をとることによって全体が明るくなるメリットもあります。

吹き抜けを希望する施主は多く、設計デザイナーも吹き抜けの提案を好んでします。デメリットもあるんですが、多くのデザイナーはデメリットについて十分な説明をしません。

デメリットとは、吹き抜けの位置や広さ、窓の位置や大きさによっては、夏は暑く、冬は寒い空間になるということです。

図3―1～2はリビングに吹き抜けのある設計図です。リビングの上部は9帖分に相当する面積が吹き抜けで、開放感は抜群です。

図3―2の断面図の斜線部分は、真夏の西日が延々と差し込む状況を示しています。カーテンやブラインドで塞ぐにしても、窓がかなり高い位置ですから電動カーテンなどの必要がありますが、それにしても真夏の暑さはしのげないでしょう。

一方、寒い季節は暖気が吹き抜け上部に昇ってしまい、足元が寒くなるのでエアコンではカバーできず、床暖房が必須となる。こうなると、快適に過ごすには冷暖房費がかなりの額になる。こういうデメリットがあることを説明しないわけですね。

生徒　言われてみればそうですよね。通常よりも冷暖房を使うことになるということは、費用だけでなく、エコの面から言ってもよくないですもんね。

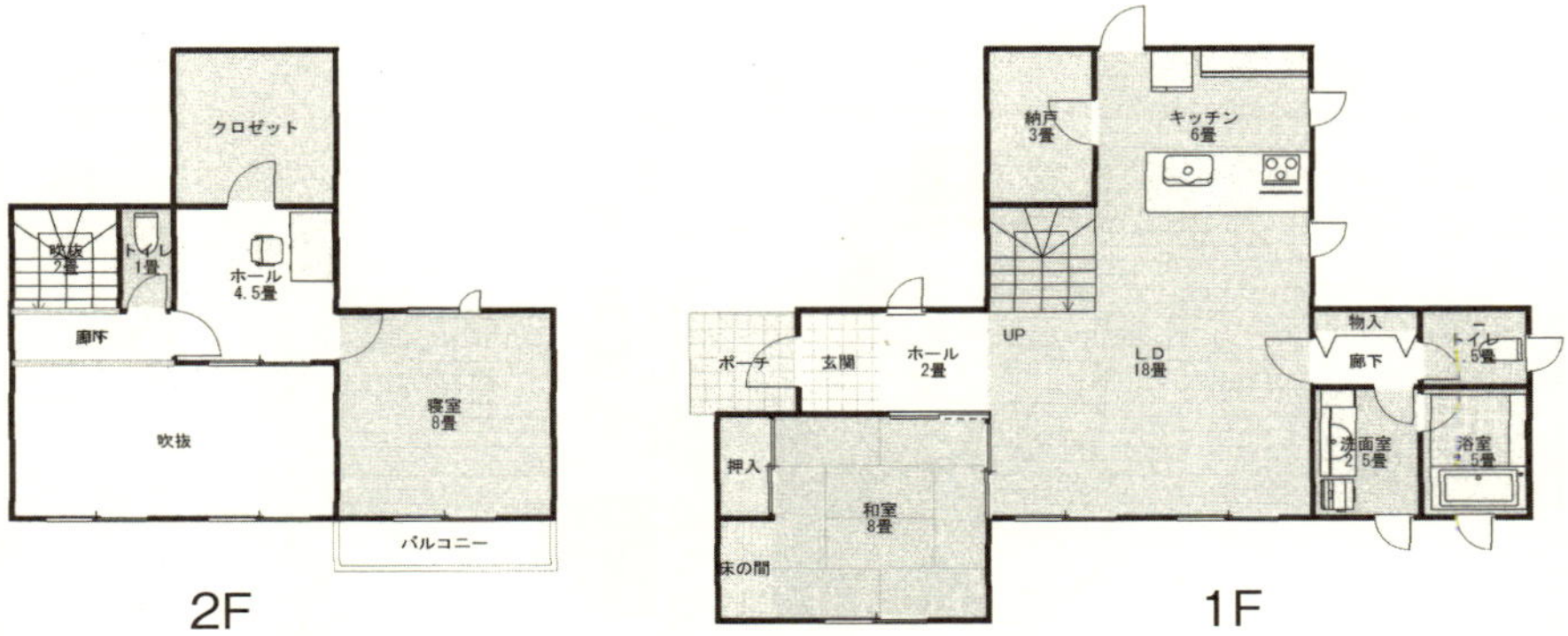
クロゼット
吹抜
トイレ
1畳
ホール
4.5畳
廊下
寝室
8畳
吹抜
バルコニー
2F
納戸
3畳
キッチン
6畳
UP
ポーチ
玄関
ホール
2畳
LD
18畳
物入
廊下
洗面室
浴室
押入
和室
8畳
床の間
1F

図 3-1

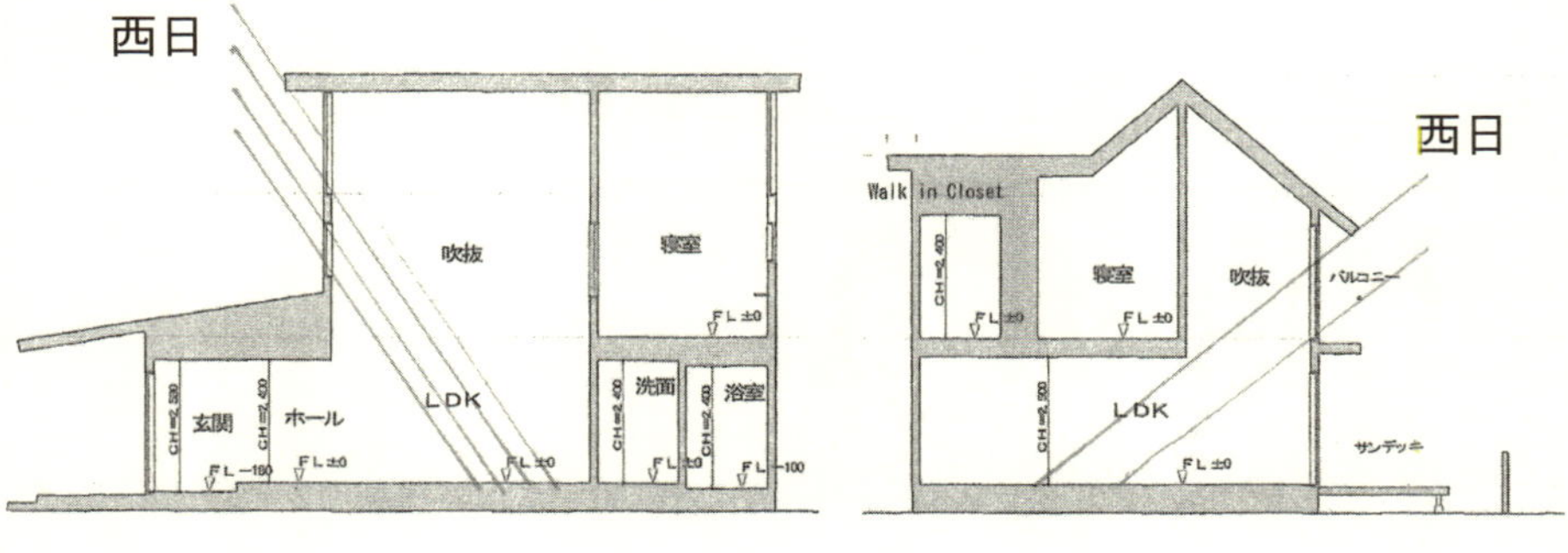
西日
吹抜
寝室
FL ±0
玄関
ホール
LDK
洗面
浴室
FL ±0
Walk in Closet
寝室
吹抜
バルコニー
西日
LDK
サンデッキ
FL ±0

図 3-2

市村　そうなんですよ。もし私が設計するとしたら、お勧めはしませんから。

②螺旋階段

生徒　階段は、コンパクトで洒落た感じがする螺旋《らせん》階段がいいなと思っています。

市村　階段にはいろいろな形状がありますが、中でも螺旋階段は、階段の占める面積がコンパクトですから、動線計画が楽になるというメリットがあります。ただ、一番の問題点は、大きな家具・家電製品は螺旋階段経由では搬入できないことです。

生徒　なるほど、確かにそうですね。

市村　図4に示すのは、家が完成して引越しとなったとき、引越し屋さんが、2階に勉強机とキングサイズのベッドマットが搬入できないという事件が起きた実例です。この建物には2階にバルコニーがなく、2階のサッシもいわゆる引き違いサッシでは

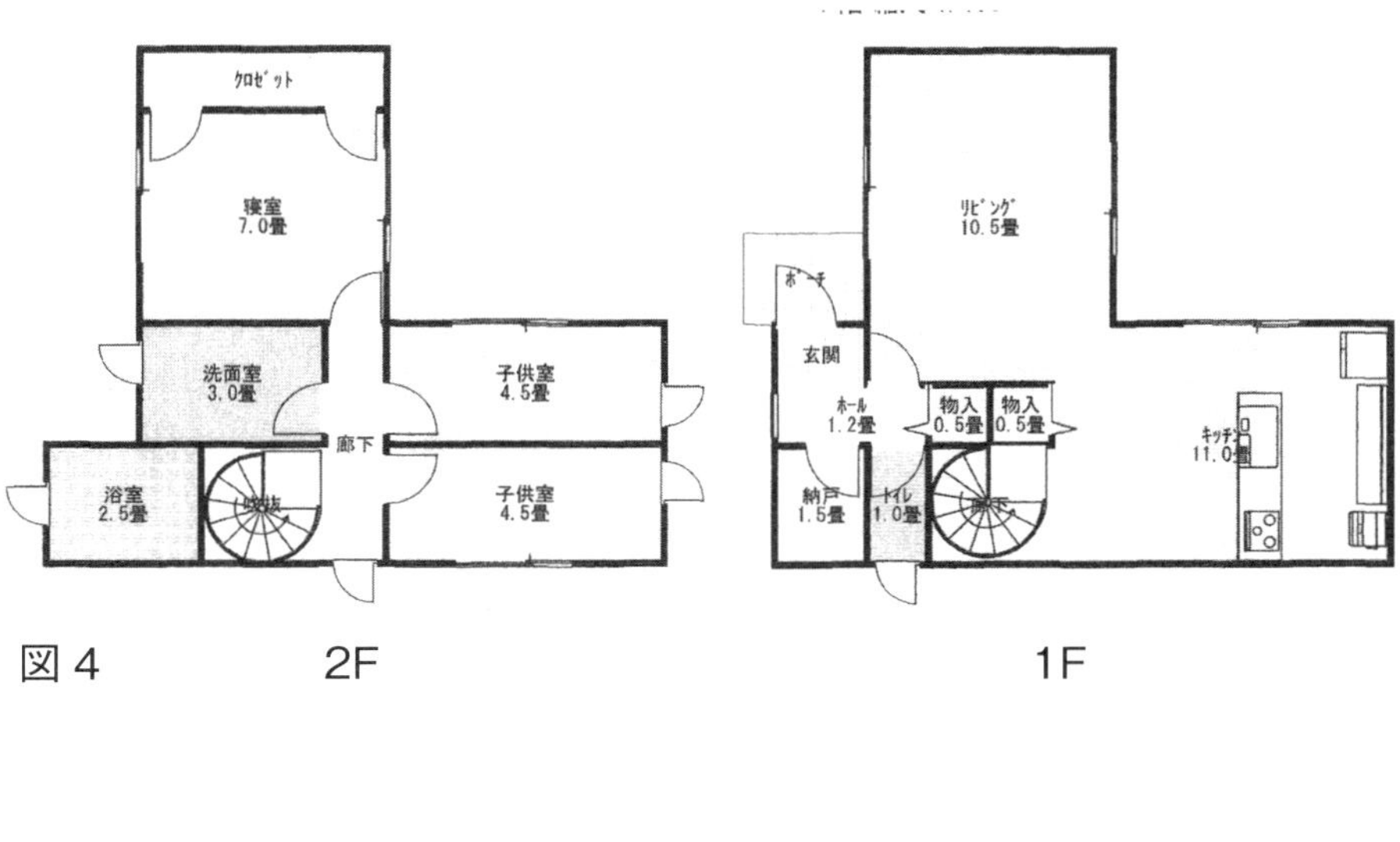

図4　2F　1F

なく、縦滑りサッシ。サッシの開く幅が45×120センチしかなく、サッシからの搬入もできません。

当然クレーム発生ですが、設計者は家具の搬入までチェックはしていなかったことを認め、2階のサッシの形状を引き違いサッシに取り替える提案をしました。

施主は明らかな設計ミスと主張して納得せず、結局サッシの交換工事費と設計料の50％を返却することで調停となったそうです。

生徒　そうですか。螺旋階段の場合は、どこから大きな荷物を入れるかを考えた設計になっていないとまずいわけですね。

市村　そういうことです。スペース上の都合では仕方ありませんが、できれば螺旋階段も避けたほうがいいでしょうね。

③リビングイン階段

生徒　リビングイン階段が流行りだと聞いたことがありますが。あれはどうでしょうか。

市村　リビングイン階段とは、文字通り2階へ上がる階段がリビング経由という動線計画です。子育て中の御夫婦が希望するケースが多いようですね。子供たちが1階のパブリックスペースを経由しないと子供部屋に行けないので、子供とのコミュニケーションが取りやすくなるためでしょう。ただ、子育て中は確かにコミュニケーションがとれるメリットがありますが、一方で家族のプライバシーが確保しにくいということも言えます。

生徒　いつまでも子供ではないですもんね。

市村　そうなんです。図5は、まさしくリビングから2階への階段がある間取りですが、リビングの上は大きな吹き抜けとなっていま

図5

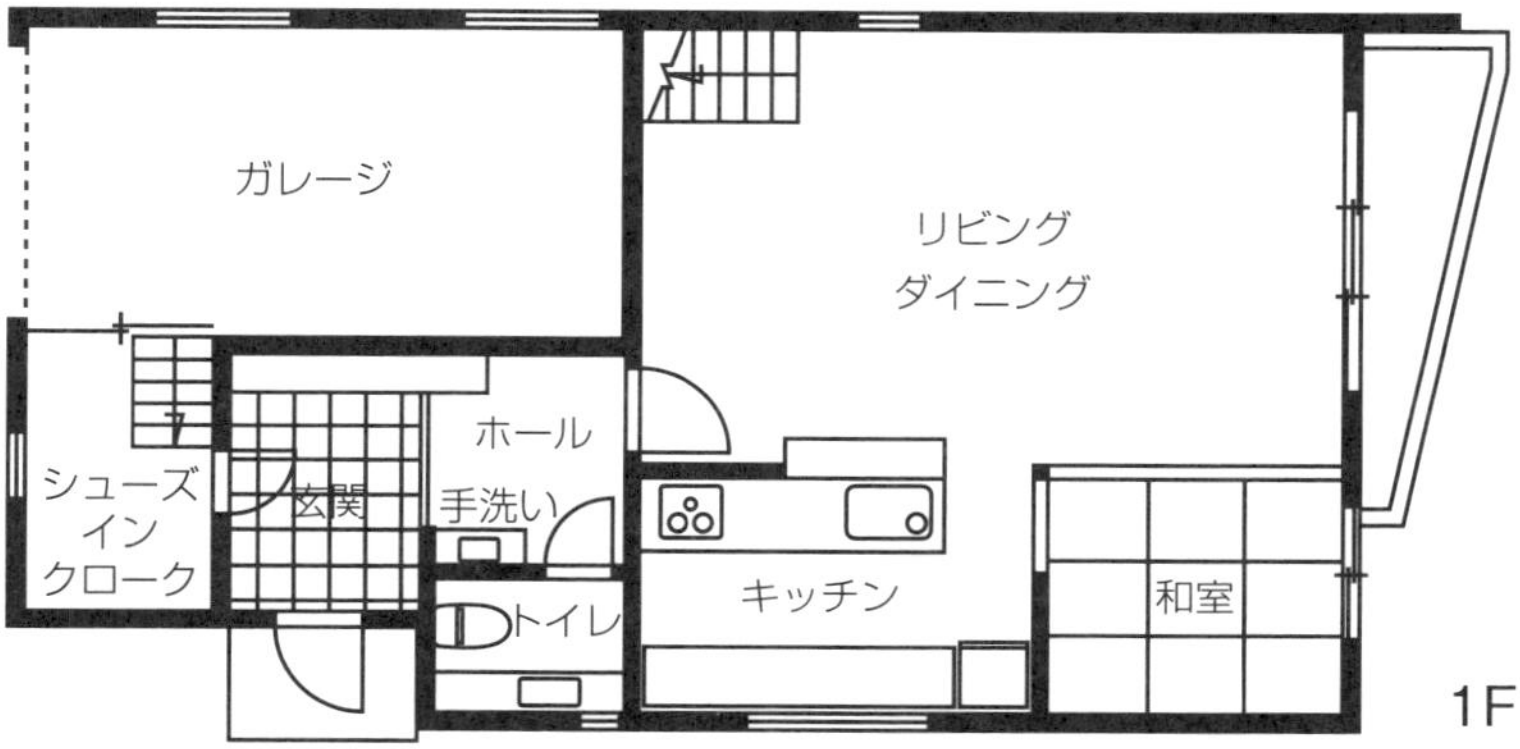
ガレージ
リビング
ダイニング
ホール
シューズ
イン
クローク
玄関
手洗い
トイレ
キッチン
和室
1F

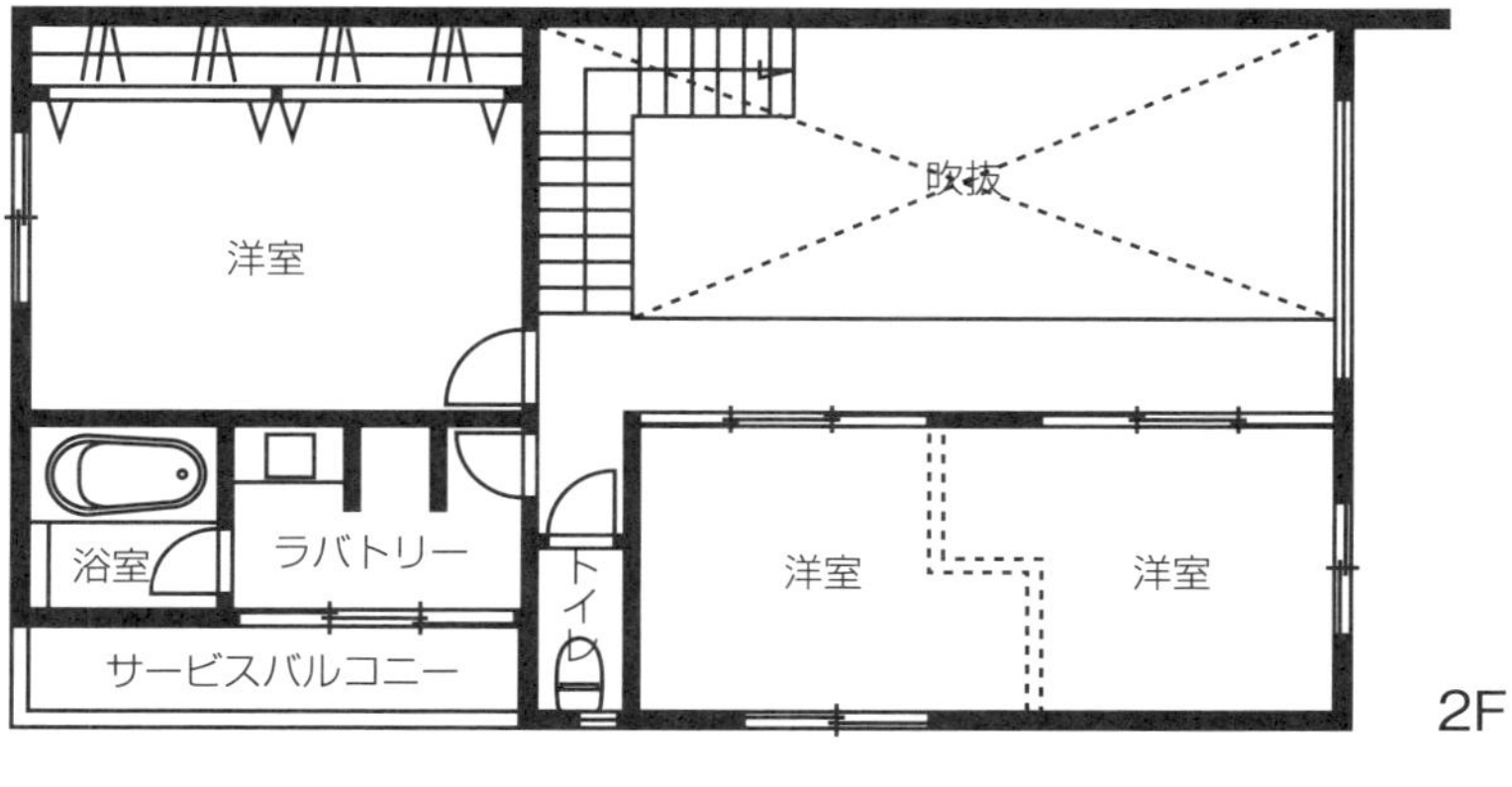
洋室
吹抜
浴室
ラバトリー
洋室
洋室
トイレ
サービスバルコニー
2F

すから、1階の音が2階に筒抜けとなります。子供部屋は引き戸ですから、1階の音を遮断することも難しく、子供が受験世代になれば、リビングにあるピアノは弾けませんし、テレビのボリュームも小さくするか、ヘッドホンで聴くことになるでしょう。特に来客の多いお宅では、2階のプライバシー確保が難しくなります。

新築時から家族が成長するに従って、たとえば子供部屋の引き戸はドアにし、2階の吹き抜けに面している廊下は、初めから吹き抜け側にガラス窓等、1階からの音がある程度遮断できるように考えて計画しておくべきでしょうね。

生徒　そうか、音の問題もありますよね。

市村　すべての面でいいというわけには、なかなかいかないのが家づくりなんですね。こうするとこういう問題がある、その問題を解決しようと思うと別の問題が起こるということもある。そうしたメリット、デメリットを知った上で何を優先するかを決めるべきなんですが、ハウスメーカーは、施主の要望どおりにやれば文句はないだろうと、知っていてもなかなか言わないのが普通です。

生徒　一生ものの家を建ててるんですから、住む人の立場に立ってデメリットも言ってほしいですよね。

市村　ハウスメーカーを選ぶ際に質問して、これまでお話ししたようなデメリットを営業マンが言うかどうかを見るのも手です。

「吹き抜けにしたいんですが、何か問題が起こることはありますか?」「リビングイン階段にするデメリットはありますか?」と質問してみて、きちんと説明があれば誠実で、優秀な営業マンと見てもいいでしょう。

同じハウスメーカーでも営業マンの良し悪しはもちろんありますが、「営業担当を代えてくれ」はなかなか通らないので、自分に付いた営業マンが信頼できなければ、そのハウスメーカーはやめたほうが正解だと思います。

④陸屋根（フラットルーフ）

生徒　家の屋根をどうするかは、結構こだわる人が多いんじゃないかと思いますが、私はデザイン的に勾配のないフラットな屋根が好きなんですよね。

市村　そうですか。特に都市部ではデザイナーが勾配屋根を嫌って、陸屋根（フラットルーフ）を採用することが多いですね。建築基準法の「北側斜線の制限」にひっかかって勾配が取れないケースもあると思いますが、単純に、見た目が都会っぽいからと採用するケースが多いようです。雨漏りの調査依頼を受けてときどき現場調査に出向きますが、その際、「なぜフラットルーフにしたのですか？」と尋ねると、多くの施主が「デザインが気に入ったので」と答える。さらに「フラットルーフにしたときの危険性について説明がありましたか？」と尋ねると、ほとんどその説明は受けていないと言います。つまりデザイナーは、雨漏れの危険性や将来のメンテナンスについての説明責任を果たしていないケースが大半なんです。

生徒　フラットルーフにどんな危険性があるんですか？

市村　図6は、あるフラットルーフの家の図面です。ここで問題となるのは、枠で囲んだ部分。写真がその部分を拡大したものです。これを見ると、フラットルーフからの立ち上がりの高さが60ミリしかありません。常識的には、この高さは最低でも150ミリ、理想的には200ミリ以上必要です。

生徒　だいぶ足りないですね。足りないとどんな問題が起きますか？

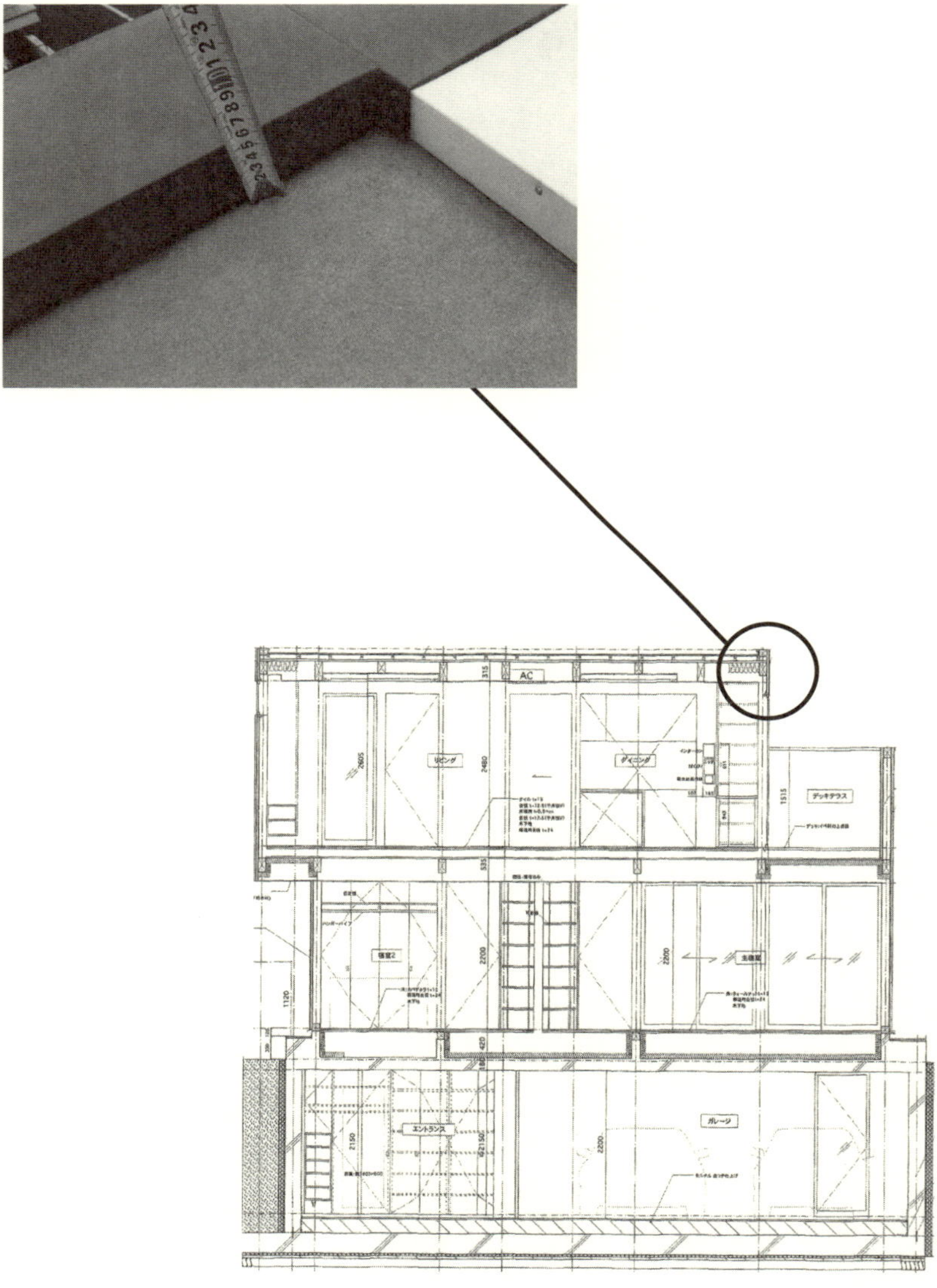

図6

市村　60ミリしかないと、風速5m以上の風が吹く大雨のときは、写真の笠木（立ち上がりの上部）を雨が乗り越えて雨水が建物に侵入してしまいます。また、積雪後になかなか雪解けしないとき、屋根面には「すが漏れ」と言って水たまりができ、その水がじわじわと侵入していきます。

屋上部分は紫外線にもろに晒《さら》されるので、夏は表面温度が60℃以上になり、冬は0℃にもなる過酷な気象条件となります。家の防水の保証は通常10年しかありません。つまり時期が来たら必ず防水の補修もしくはやり替えが必要なので、そのときのことを考えて設計しないと工事費が予想以上にかかったりします。屋上利用を考えるときも同様に注意が必要ですね。

生徒　フラットルーフ、いろいろ大変そうですね。やめておこうかな。

⑤専用通路に延びる建物

生徒　間取りのお話をお聞きしてきましたが、先生が見てきた中で、これはひどいというものはありましたか？

市村　専用道路に面した家の設計でとんでもないものがありましたね。

不動産業者はまとまった土地を分割して何人かに販売するのが普通ですが、家は道路に面していなければ建てられない決まりなので、分割の仕方によっては、新たに専用通路（私道）を設け、価格を抑えて販売することがあります。

図7はまさしく典型的な専用通路を抱えた敷地の計画案ですが、多くの問題点があります。

偏心率の説明をしましたが、Aブロックが建物の幅がわずか1365ミリでBブロックから10m強飛び出ています。

図7

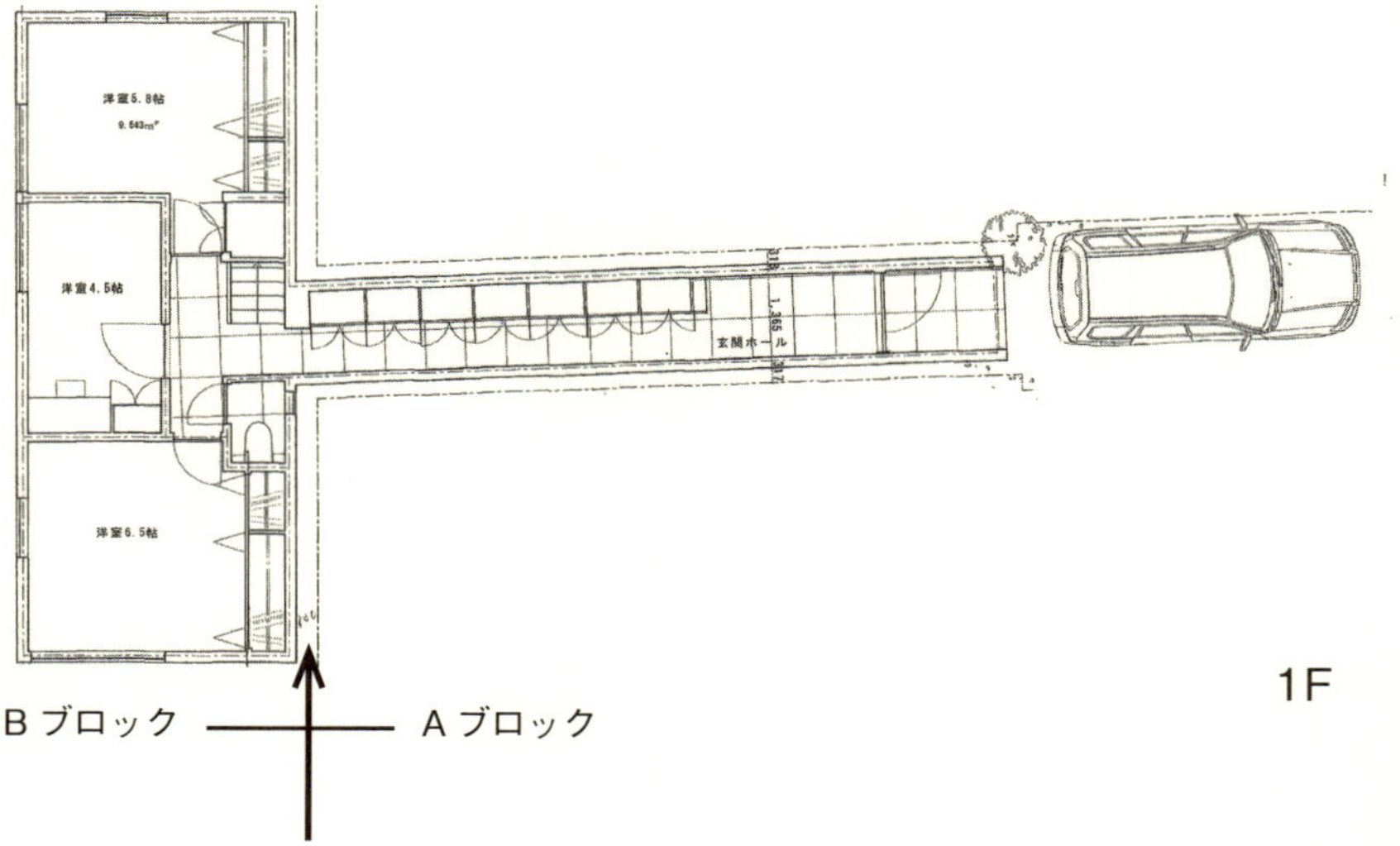
洋室5.8帖
洋室4.5帖
洋室6.5帖
玄関ホール
Bブロック
Aブロック

1F

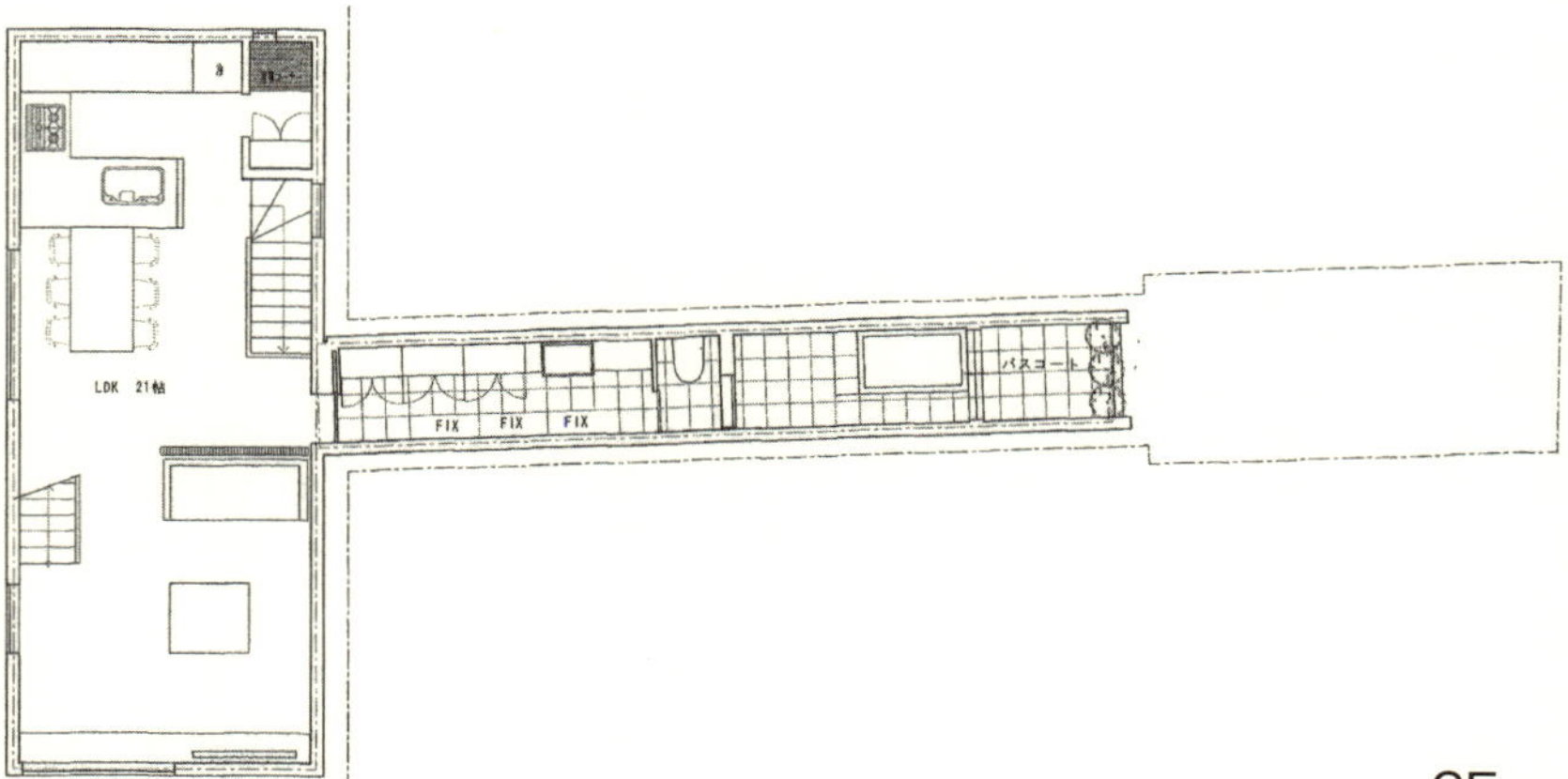
LDK 21帖
FIX FIX FIX
バスコート

2F

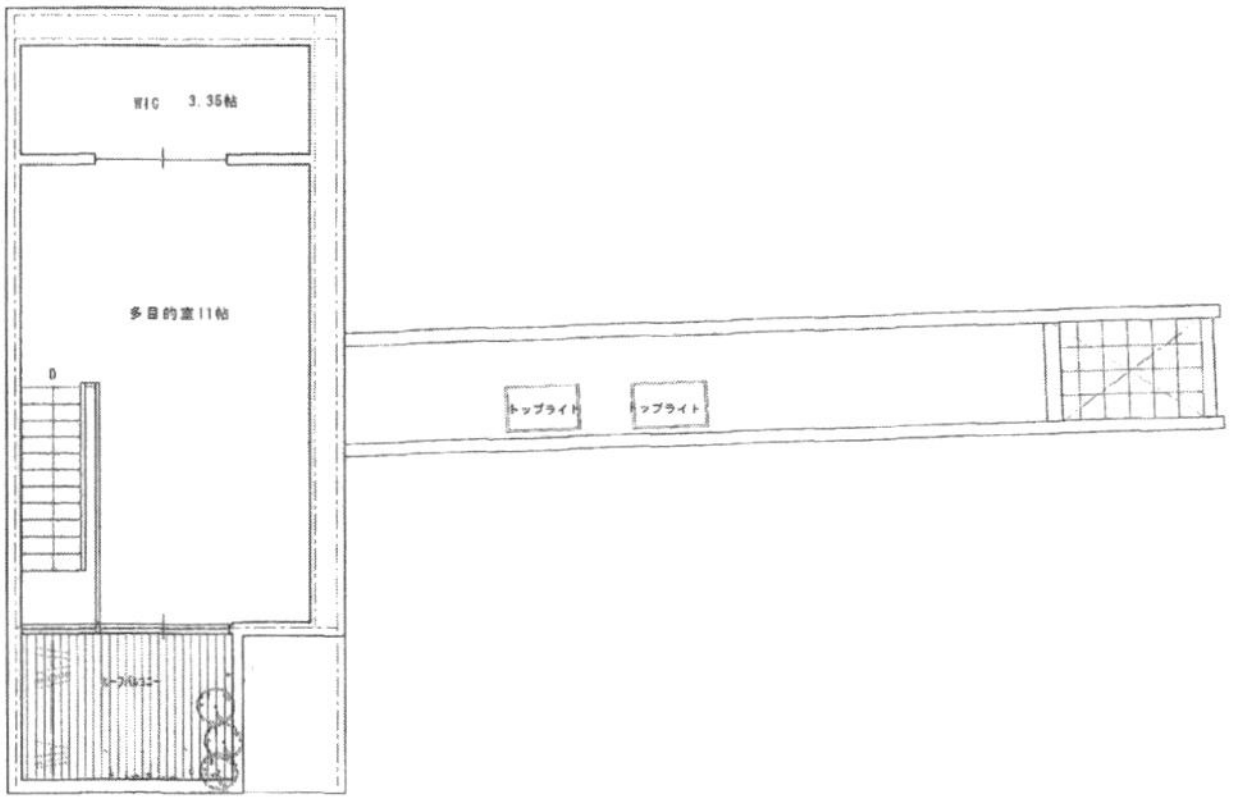

3F

生徒　しかもBブロックは、図面で見ると上下方向には壁が一切存在しません。これでは上下方向に地震力が働いたときに、その結果A・Bブロックの玄関側は大きく揺れ、Bブロック接点の外壁は破断し、屋根も破断します。つまり構造上成立しない計画案です。

市村　とんでもない家だということですね。

そうです。もう1つの大問題は、専用通路部分の建物と隣地境界線との有効距離が240ミリほどしか確保できないことです。これでは、工事用の足場は隣地の敷地を借りなければならず、将来外壁や屋根の修繕をする際にも足場を立てることができない。また、2階のキッチンの排水や雨水排水の配管も施工できません。

生徒　プロが設計したんですよね？

市村　設計者の肩書きは一級建築士です。敷地を有効活用しようと考えるのはわかりますが、

「その肩書きは嘘だろ？」と思うほどメチャクチャな設計です。今回の間取りの話の中でも最悪の事例と言っていいでしょう。

生徒　一生に一度の家づくりで何千万円もはたいたのに、こんな設計をされたらたまらないですね。

市村　運が悪かった、では済まない話ですね。でも、実際私が見てきた中にこういうことがあったんですから、可能性はあるんですよ。武士の情けで名前は出しませんが、この設計者に依頼したのは、ハウスメーカーですから。

３時間目　工法の授業

―「○○工法は強い」の噂に惑わされるな

ハウスメーカーで家を建てようと思っている人に話を聞くと、「とりあえず工法を決めようと思います」と返ってくることが多いものです。

在来工法の木造か、ツーバイフォーか、はたまた鉄骨かコンクリートか？　といった選択で悩んであれこれネット検索したり、パンフレットを集めたりするのは、悩むというより、これから家づくりをする人にとっては、楽しい時間でもあるのでしょう。

ここでは、工法はきっちり説明しながらも、実は工法の選択よりももっと大事な選択があることをわかっていただきたいと思います。

工法によって建物の強度は違う？

生徒　これから家を建てようという今、悩んでいるのは、工法はどれがいいのかということなんです。木造か鉄骨かとか、在来工法かツーバイフォーか、とかいろいろありますよね。どこがどう違うのか、何を基準に選んだらいいのか、素人にはよくわからないんですよ。

市村　そういう人は多いですね。

生徒　今後大きな地震が必ず来ると言われていますから、耐震性も気になります。構造的にはやはり木造より鉄骨やコンクリートのほうが頑丈なんでしょうか？

市村　その質問はよくあります。地震もそうですが、火に対する強さ、「耐火性」を気にされる方も多いですね。

耐火性に関して言うと、鉄骨系ハウスメーカーの営業マンは、「鉄は火に強いけど木は燃えてしまいます」と、木造の家は燃えやすいことを強調します。確かに鉄骨材と木材にバーナーをあてれば、木材はよく燃えますよね。ただ、市街地で家を建てる場合、鉄骨材や木材の構造体がむき出しの家を見たことがありますか？　ということです。

市街地の場合、都市計画法や建築基準法で防火構造・準耐火構造・耐火構造等、建てる敷地によって制限があって、鉄骨材や木材をむき出しで建築することはできません。さらに、壁も外壁側は不燃材で覆わないといけないし、室内側も石膏ボードで覆いますから、火災に関しては鉄骨造・木造ともに差はないと言えます。

生徒　そうなんですか。鉄筋コンクリートの家は、火災にも地震に強いと言われていますよね？

市村　理論的にはそうです。ただ、鉄筋コンクリート造は現場で品質管理をきちんとしないと、出るべき強度が出ない。でも、一般の住宅規模で現場監督を常駐させてきちんと品質管理をすると、建築費がかなり割高になってしまいます。コストを上げたくないハウスメーカーや工務店では、いい加減な現場

生徒 が多くなるわけです。ますます混乱してわからなくなってしまいますね。

市村 木造だから弱いとか、鉄筋コンクリートだから強いとか一概には言えないということですね。2000年に国土交通省が住宅性能評価制度というものを作ったので、ハウスメーカーのパンフレットには「うちの注文住宅は耐震等級3ですから安心です」といったことが書かれている場合があります。いくらそう書いてあっても、その強度を出すような工事がされていなければ絵に描いた餅。むしろ、強度を保つ設計と工事がきちんとされているかのほうが問題です。

生徒 いい加減な設計や工事が多いということですか?

市村 私がチェックした現場だけでも結構ひどい工事がありましたから、全国規模で見たら恐ろしい数でしょうね。

同じ木造でも工法は3種類

生徒 なるほど、そういうことなんですか。では、自分に合った工法の選び方を知りたいのですが、その前に、どんな工法があって、どう違うのかを教えてください。

市村 わかりました。それではまず、工法ごとの特徴を簡単に説明しておきましょう。はじめに木造ですが、木造にも軸組工法(在来工法)・枠組工法(ツーバイフォー)・木質パネル工法と、作り方によって3種類があります。

生徒 ツーバイフォーって木造なんですか?

市村 ツーバイフォーというのは骨組みに用いる材料の種類ではなくて、家をどういう構造で支えるかという工法の一つですから、木造は木造です。

生徒 あっ、そうか。材質と工法は違うわけですからね。

市村　そうです。木という家づくりのメインとなる材料があって、木造の家をつくる工事の方法、工法の種類に在来工法やツーバイフォーがあるわけです。ここはまず押さえておいてください。

生徒　頭の中が整理できました。

市村　では、先に進みます。それぞれの工法の違いは、説明図（43〜48ページ参照）を見ていただくのが早いでしょう。

生徒　軸組工法はわかります。縦横の柱や梁で支える昔からの家のつくり方ですね。ツーバイフォーと言っているのが、枠組工法のことですか。

市村　柱や梁ではなく、壁で支える構造ですね。壁工法と言ったりもします。

生徒　木質パネル工法というのは聞いたことがありませんでした。

市村　構造はツーバイフォーと同じなんですが、工法が違うわけです。工場で床や壁をそれぞれパネルとしてつくってから現場に運び、それを組み立てる工法ですね。組み立てるだけですから、現場での工期は比較的短いです。

生徒　なるほど、そういう違いですか。軸組か枠組（ツーバイフォー）かはどういう基準で決めたらいいんですか？

市村　コスト面から考えると、枠組工法と木質パネル工法の構造体は一定の基準が決まっているので、構造体自体のコストを安く抑えるのは難しい。軸組工法は、構造体のつくり方によってコストを抑えることもできるという特徴があります。

生徒　軸組工法では予算に応じて構造体が変えられるわけですか？

市村　大手ハウスメーカーは、住宅性能評価で「耐震等級３」をクリアすることを前提としていることが多く、構造体の変更はできないのですが、建売住宅などではコスト削減のために構造体を、基準法をクリアできるぎりぎりまで落として、コスト削減をしている場合があります。

生徒　値段が安いには安い理由があるということですか？

市村　そういうことですね。耐震等級3というのは、きちんとつくってあれば、建築基準法のクリア基準の1・5倍以上の耐震性があるという意味です。

生徒　耐震性を落として安くなってもねぇ。家は安全なほうがいいですよね。

木造の弱点は、雨に弱い

市村　そう思いますが、とにかく安いほうがいいという方もいますからね。ところで、木造の最大の弱点は、建て方工事（軸組工法で言うと、基礎・柱・梁など上棟までの構造体組み立て工事）中に、雨をかぶって構造材が濡れてしまうことです。

生徒　雨に濡れるとどうなるんですか？

市村　木材には水分が含まれています。乾燥材を使うわけですが、雨に濡れる前の乾燥材の水分量はおおよそ20％未満、床の合板は14％未満です。

これが雨をかぶると、ひどい場合には70％を超えることがあります。それでも、柱・梁などの構造材は、空気が乾燥していれば数日で20％未満に戻ります。ただ、床や壁に使用している合板は自然乾燥が困難な場合があります。

生徒　乾燥させないで工事を進めるとどうなりますか？

市村　水分が多い木材で壁や床を塞げば、壁の中や天井懐に水分が蒸発していって、カビが発生しやすくなりますね。

生徒　それは大変ですね。

市村　そうです。ですから、まずは雨に濡らさないようにきちんとカバーをかけて雨養生をすること。それでも濡れてしまった場合には、現場で水分量を測定し、乾燥状態に戻っているかを見極めることが重要です。

生徒　そのへんのところは私たちにはわからないですもんね。つくり手がきちんとしているかを確認するにはどうしたらいいですか?

市村　乾燥具合は目で見てもなかなかわかりませんから、一番いいのは第三者のプロに、測定器具を使ってのチェックをお願いすることでしょうね。

鉄骨の弱点は、サビと結露

市村　木造の次は鉄骨組工法を説明しましょう。積水ハウスやダイワハウスの家を見たことがありますか?

生徒　友だちの家が積水ハウスでした。

市村　積水ハウスは一部木造もやっていますが、圧倒的に多いのは軽量鉄骨工法の住宅です。

生徒　木造ではなかったので、そうでしょうね。

市村　部品や部材が規格化され、工場で大量生産されているので「プレハブ工法」「プレハブ住宅」とも呼ばれます。先ほど触れた木質パネル工法（スウェーデンハウス、ミサワホームなど）やコンクリート工法（大成建設ハウジングなど）、ユニット工法（セキスイハイムなど）などもプレハブ工法の一種ですが、中でも軽量鉄骨工法は代表格で、とにかく数が多いです。

生徒　積水とダイワは、誰でも知っていますもんね。鉄骨はわかるのですが、軽量鉄骨の「軽」とは何ですか?

市村　鉄骨の厚みが6ミリ未満のものを軽量鉄骨、それ以上のものを重量鉄骨と言います。軽量鉄骨は薄いので鉄骨にしては軽量というわけですね。同じ強度のもので比べると木材よりも軽いですから。

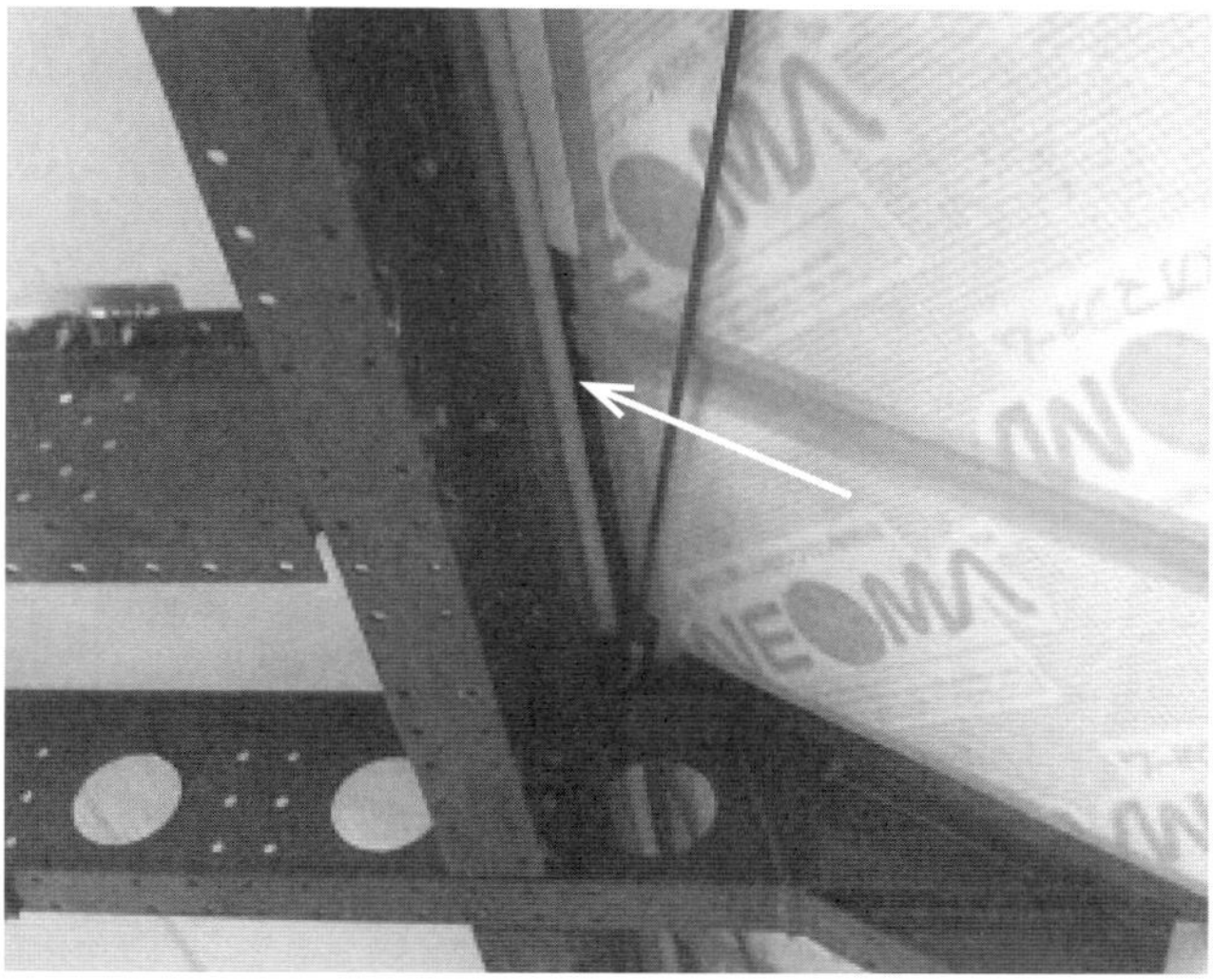

①このままでは、厳冬期この鋼材フレームに結露が発生する。

生徒　厚い鉄骨のほうが頑丈だと思うのですが、なぜ薄いものを？

市村　重量鉄骨の家を扱うハウスメーカーでは旭化成へーベルハウスが有名ですが、鉄骨の厚みが違いますから確かに頑丈です。ただ、その分値段が高く、設計の自由度があまりないためデザイン性が求めにくいということがあります。

生徒　コストとデザイン性か。悩むところですね。

市村　安くてすごく頑丈という家はありえないですからね。それに鉄骨にも弱点はあります。サビと結露を生じやすいことです。もちろん、鉄がサビやすいことはご存じでしょう。鉄骨は出荷前に工場で鉄骨にサビ止めをするわけですが、出荷時や現場の建て方工事のとき、鋼材同士が接触してサビ止めが剥《は》げることが多い。そのままにしておけばサビが進行してしまい、鋼材そのものが断面欠損してしまいます。

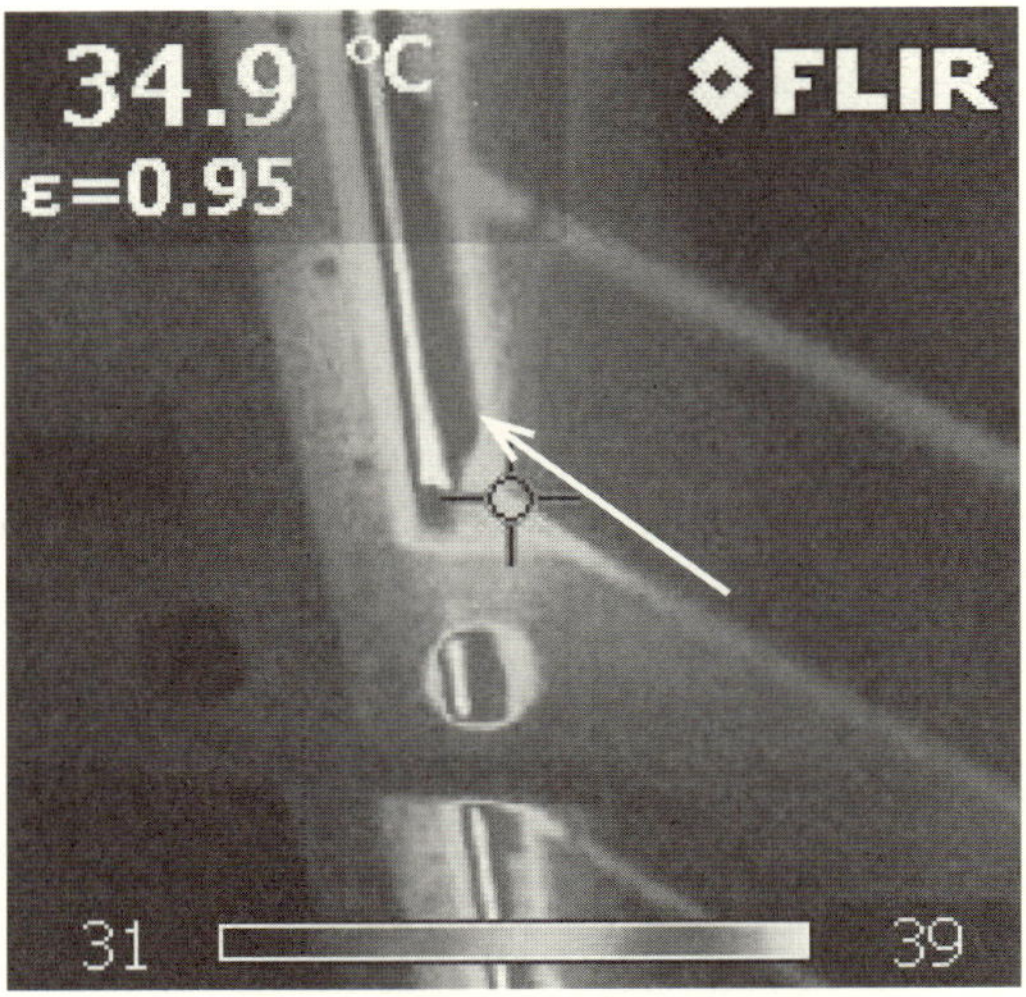

②この部分の断熱施工不良のために、温度変化が極端に出る。

生徒　もう1点の結露ですが、ヒートブリッジということです。

市村　いう現象を起こしやすいということです。ヒートブリッジ？　どういう現象ですか？

熱橋ともいいますが、鉄は熱伝導率が良く、熱が伝わりやすいのはご存知でしょう。

生徒　はい。熱が伝わりやすいと何か問題がありますか？

市村　鉄骨造では断熱材の施工の仕方を間違えると「ヒートブリッジ現象」が発生し、内部結露が生じることがあります。

写真は実際の鉄骨造の断熱検査時のものですが、②はサーモカメラによる温度変化を示したものです。鉄骨が断熱材で覆われていない箇所は鉄骨が外気に接し、外気温度の状態になります。一方室内の温度は外気より高いので、その温度差が20℃を超えてくると鉄骨表面に結露が発生します。特に寒冷地では、外気温度が0℃以下になり室内温度が20℃を超える場合、内部結露が長期的に発生し、やがてカビの原因になります。

工法の良し悪しより現場の良し悪し

生徒　工法については、だいたいわかりました。木造にも在来工法の軸組とツーバイフォーの枠組がある。あとプレハブ工法はいろいろあるけど、多いのは軽量鉄骨ですか。でも、どれも一長一短があるわけですね。先生が聞かれたら、何を勧めますか？

市村　2階建てくらいの住宅であれば、構造体は好みで選んでもらえればいいと思いますよ。よく「在来工法よりツーバイフォーのほうが地震に強い」といったことが言われますが、「一般論では言えません。家づくりの現場次第ですから」としか言えませんね。構造体や工法の違いよりも、現場での品質管理をきちんとしている会社かどうか。それを厳しい目でチェックするほうが間違いは起こらないと思うからです。

生徒　ハウスメーカーのカタログ等には耐震性・耐火性・断熱性・気密性などの理論武装がこれでもかと書かれ、それをそのまま信じるなら、どのメーカーでもいいという気がしてきます。中には、「実物大の実験棟を起震装置で水平方向に揺らしたところ、震度7でも壊れませんでした」と謳うカタログもあるくらいですから。

見ました、見ました。これはスゴイと思っちゃいました。

市村　ただ、理論上・実験上はどんなに素晴らしくても、実際には一つひとつ条件の違う現場で、違う職人が家をつくっているわけです。敷地や道路条件もさまざまで、たとえば足場が狭かったりするだけで職人の作業姿勢は悪くなり、手抜きやミスが起こりやすくなります。

つまり、仕事で現場をしょっちゅう見ていますからわかるんですが、住宅建築業界というのは、理論と実践の乖離《かいり》が起こりやすい現場なんですね。理論上あるべき強度が全くでないような、ひどい工事をしている場合もときにはあるわけです。

パンフレットの理論通りになるように現場が作業しているかどうか。構造体の材料や工法よりも、これで家の骨格は決まってしまうということです。

生徒　パンフレットだけで判断したらいけないということですね。でも、素人の私たちには、現場の良し悪しなんてわからないですよね。

市村　技術的なチェックはもちろんできないと思いますので、最初から信頼できるプロに第三者チェック（ホームインスペクション）を頼むのが一番ですが、一般の方でもわかることはあります。

住宅の建設現場があったら、次のような点に注意して見てみてください。

---

①現場の前の道路がきれいに清掃されているか
②現場の前に職人たちの車が長時間路上駐車していないか
③現場の周りには安全のため仮囲いで区画されているか
④現場の中にゴミ（タバコの吸殻・ペットボトルや缶）が散乱していないか
⑤工事中の建物の中を土足で上がっていないか
⑥職人たちがきちんとヘルメットをかぶっているか
⑦ラジオのボリュームを大きく鳴らしていないか
⑧職人が休憩時間に道路にたむろして飲食・喫煙していないか
⑨仮設トイレはきれいになっているか

これらの点で問題があるようだと、職人のモラルが低いということが言えますし、ハウスメーカーの職人教育もレベルが低いと言えます。こうしたモラルの低さは、現場の品質管理の悪さとして如実に現れますから。

生徒　近所の建築現場を覗いて「あのメーカーは○、このメーカーは×」とやるわけですね。

市村　たまたまその現場が最悪で、ほかの現場はそうでもないということもあります。ただ、ひどい現場を放置しているようなハウスメーカーは避けたほうがいいかもしれませんね。

生徒　わかりました。つまり、工法によって建物の強度に極端な差が出ることはないわけですね。

市村　そうです。むしろ、現場の品質管理の良し悪しで差が出るということを覚えておいてください。

4時間目　「ハウスメーカーと賢く付き合う」授業

――ハウスメーカーの仕事を知れば対策は見えてくる

家を建てると決めたとき、ほとんどの方は、「さて、どのハウスメーカーに頼もうかな？」となると思います。

積水ハウス、ダイワハウス、へーベルハウス、三井ホーム……と、ハウスメーカーの名前も知っているでしょうし、住宅展示場に行けばモデルハウスが見られることもご存知でしょう。ただ、名前は知っていても、ハウスメーカーの人と話したり、付き合ったりしたことのある人は少ないはずです。

なぜなら、家を建てようという人でない限り、ハウスメーカーと接触することはまずないですし、家を建てようという人の大半が初めての経験だからです。

そこでこの章では、立場の違う何人かの方（生徒）を相手に、いよいよ家を建てようとなってからのハウスメーカーとの賢い付き合い方の授業を行います。

モデルハウス訪問は建設予定地の近くで

生徒　「数年後には家を持ちたいね」と夫とも話しているんですが、初めの段階でハウスメーカーとのコンタクトはどのようにしたらいいのでしょうか。

市村　コンタクトの方法としては、大きく分けて二通りあると思います。

一つ目の方法は、自分でモデルハウスを訪問したり、ネットなどで資料請求をする方法です。

二つ目の方法は、紹介です。ハウスメーカーの紹介元は、友人・知人以外では、金融機関等、そのほか住宅相談カウンター（たとえばｓｕｕｍｏなど）などがあります。

生徒　モデルハウスに行ってみたいとは思ってはいたんですが。

市村　モデルハウス訪問から始める人は多いです。ハウスメーカーの場合、ホームページでどのような家づくりなのかの基礎知識（工法・価格帯等）をチェックして、住宅展示場を訪問したほうがいいでしょう。

ここで注意したいのは、現在の住まいと新築する場所が異なる場合、可能な限り新築する場所の近くの住宅展示場を訪問するほうがいいですね。

生徒　どうしてですか？

市村　たとえば、現住所が東京都中野区で、建築場所が静岡市のような場合、東京の住宅展示場でコンタクトを取ると、営業窓口は東京支店でも、工事部隊は静岡支店管轄になってしまうわけです。このようなケースをハウスメーカーでは「移管物件扱い」と言っています。

生徒　移管物件扱いになると何か問題でもあるのでしょうか。

市村　通常、ハウスメーカーの各段階の仕事と担当者は、次のようになります。

	顧客窓口	社内担当	外部業者
契約前	営業担当者	営業・ 設計積算担当	解体・設備・空調・ ガス・地盤調査・ 外構等の業者
契約後	営業担当者・ 設計担当者・ インテリアコー ディネーター	営業・ 設計積算担当	解体・設備・空調・ ガス・地盤調査・ 外構等の業者
着工後	工事担当者	営業・ 工事担当者	下請け業者

これだけ多くの人間が関わるわけですが、移管物件の場合、着工後の担当がすべて東京支店から静岡支店へといった具合に移ってしまうわけです。

すると、着工前には両支店の担当が集まって着工会議をし、営業・設計段階での顧客との打ち合わせ内容を含め詳細な引き継ぎをするわけですね。

契約から着工まで同じ支店内での引き継ぎであれば頻繁に情報交換できますから問題は起こりにくいのですが、移管の場合は、引き継ぎ段階で情報の引き継ぎ漏れが起きやすくなる。

つまり、クレーム発生の可能性が高くなるわけです。

生徒

なるほど、うちの会社でも同じようなことがありますからね。

モデルハウス、その心理戦とアンケート作戦

生徒　先週末、〇〇ハウスのモデルハウスに行ったのですが、なかなか良かったです。外装もタイル貼りで豪華でしたし、内装もモダンな感じでいい雰囲気でした。それに、打ち合わせを担当してくれた営業マンも話がスムーズで、なかなかの好印象でした！

市村　そうですか。それはよかったですね、と言いたいところですが、ここでモデルハウスのちょっとした裏話をお話ししましょう。

生徒　えっ？　それは興味があります。

市村　ハウスメーカーは各地の住宅展示場にモデルハウスを出展していますが、そのモデルハウス1つに対し1つのチームを編成しています。わかりやすく言うと、モデルハウスの営業責任者が1名、その下に営業マンが数名という構図ですね。

生徒　なるほど、私もそういう営業マンに接客してもらったと。

市村　そうです。モデルハウスには「スタッフルーム」という小さな仮事務所があり、営業スタッフは、そこで待機をしています。

生徒　そういえば、モデルハウスの中を営業マンがうろうろしているのは、あまり見たことがありませんね。

市村　スタッフルームには、いくつものカメラが置いてあり、モデルハウス内の状況を把握できるようになっていますから、来客があればカメラを見て、その都度、出迎えに行きます。このカメラは、音声なども聞きとれるようになっていますから、スタッフルーム内では、会話の様子も含めて接客の様子が手にとるようにわかります。

生徒　そうなんですか？

市村　ですから、お子さんが騒がしく、打ち合わせが思ったように進んでいないなという場合には、女性スタッフがお菓子を持っていっ

てキッズコーナーに誘導したり、営業スタッフとお客さんのウマが合わないと思えば、上司がフォローに出ていくこともあります。

生徒 全部見られていると。

市村 そういうことです。ハウスメーカーの営業スタッフは、チーム戦術や心理戦に長《た》けていますから、お客さんを気持ちよく誘導してその気にさせるように仕向けるわけです。それに、モデルハウスはどこも全体の広さからしてかなり広く、玄関も標準家庭の2、3倍、置いてある家具や調度品も洒落ていて、ダウンライトなどを駆使した照明でかっこよく見せていますから。

生徒 そう言えばそうですね。自分が住む家がこんなだったらいいなと思いましたが、なかなかああはいかないわけですね。でも、楽しかったですけど。

市村 モデルハウスに行った目的は、その場を楽しむことではないですよね？

生徒 ハウスメーカーの家を実際に見て、気になる点を質問したりしようと。

市村 お金を払うのは、お客さんである自分であることを忘れないでください。その場の雰囲気やハウスメーカーのペースに乗せられて、知らず知らずのうちに決めさせられていたというのでは、あとで後悔することになりかねません。モデルハウス訪問時の初期折衝では、その場の雰囲気に飲まれず、冷静に打ち合わせをしてください。

生徒 今後、気をつけます（笑）。

市村 それと、応対した営業マンにアンケートをお願いされませんでした？

生徒 ええ。家を建てたいと思っている時期とか場所とか、他社でも検討しているかとか。そしたら早速電話があって、改めて訪問したいと。

市村 そういうことです。アンケートを書いた時点で、その営業マンがあなたの担当になります。それで構わなければいいのですが、ハウスメーカーは気に入っても営業マンと相性が合わない感じがしたら、アンケートは書かないでおいて別の展示場のモデルハウスを訪ねたほうがいいですね。

生徒　そんなこと、考えてもみませんでした！

「いつでも値引き」の裏事情

生徒　現在、3社のハウスメーカーと家づくりの打ち合わせを進めています。こちらの要望をある程度伝えて各社にプランを出してもらい、比較検討中なのですが、おやっ？と思うことがありました。

間取りがほぼ固まった段階で見積りをもらったのですが、それを見ると3社とも「値引き」という記載があるんですね。1回目の見積りから「値引き」というのは、いかがなものかと不安なのですが。

市村　1回目の見積りから値引きが記載されているのは、確かにおかしな話ですよ。最初の見積りが出てきた段階で、施主のほうから「もう少し安くなりませんかね？」と言われて、「わかりました、検討させていただきます」と持ち帰り、2回目で値引きというのならわかりますよね。

ハウスメーカーのお客さんは、あなたのように他社と比較しますから、競合が前提なんですね。そこで、他社と差別化をしてお客さんを獲得しようとする。そのとき、一番わかりやすい差別化は値引きだと思っているハウスメーカーは多いわけです。

生徒　ある1社の営業マンは、「さらに値引きを頑張ります」とも言いました。もちろん安いほうがいいに決まっていますが、あまり値引き、値引きと言われると、材料の質を落とされたり手抜き工事をされないかと心配になるんですが……。

市村　最初の見積りで値引きというのは、本来はこの値段だけど今回はお安くできますよ、という意味ですよね。でも、だったらいつもは値引き前の本来の値段で請け負うのかというと、そんなことはありません。いつでも値引きはあるんです。

あからさまに「値引き」と言うと、あなたのように勘ぐる方もいますから、ハウスメーカーがよく使う手は「〇〇キャンペーン」とか「サービス工事」といった言葉です。キャンペーン中の特別価格みたいな感じのものがありました、ありました。

生徒　値引きの話は、それだけで1冊の本ができてしまうほどですが、ここでは簡潔にお話ししておきましょう。大手ハウスメーカーでは値引きをしたからといって、材料を落としたり手抜きをしたりといったことはありません。

市村　値引きは当たり前ですから、その分は織り込み済みなんですね。ただ、ハウスメーカーがどうしても受注したい時期とか状況とか裏事情が重なると、値引きの幅が変わることはあるようです。

生徒　実際に値引きはハウスメーカーによって大きな差があるのでしょうか？

市村　ハウスメーカーは受注産業ですから、受注がないことには始まりません。受注棟数・受注額・粗利率の3項目で各支店の営業ノルマがあります。一般の会社と同じように、年間ノルマ達成のため四半期ごとのノルマ達成も課せられているわけです。

たとえば、第四半期までに受注額・粗利率の年間ノルマは達成の見込みが立って、受注棟数だけ達成できていないような場合は、通常より値引き幅を大きくして受注棟数を達成するといった個別の事情が働く場合があるようです。

受注成績の悪い営業マンは、競合先のハウ

スメーカーに対抗するため、あらかじめ見積りに値引き分を上乗せして大幅値引きをしたように見せかけるといった、ずる賢いテクニックを使うこともありますから要注意です。

生徒　値引き額で判断することは避けたほうがよさそうですね。

値引きで釣られる「3月契約」は避けるべし

生徒　年明けにモデルハウスを見に行って検討を始めたのですが、あるハウスメーカーから、「実は3月中に契約してくれれば『決算期特別値引き』が適用できる」と言われたのですが、決算月はどのハウスメーカーも通常の月とは値引き率が違うのでしょうか？

市村　確かに決算期値引きは通常の月よりも値引き率が良くなるようですね。ただ、値引きに釣られて契約すると、大きな落とし穴に落ちることがありますから注意が必要です。

生徒　えっ、落とし穴ですか？

市村　契約に至るまでには決めることがたくさんあります。間取り、内外装の仕様、キッチンやユニットバス等の住宅設備機器、また外構や空調といったものをどのようにするか、多くの打ち合わせを重ね、それらを確認した上で見積りが出てきて、予算内に収まっていれば契約というのが普通です。

生徒　契約までの道のりは結構長いですね。

市村　そうです。ハウスメーカーとコンタクトを取ってから、少なくとも担当の営業マンとは数カ月のお付き合いになります。契約に至るには、最低でも3～4カ月は必要でしょう。1月にコンタクトをとり始めたのなら、通常であれば早くても4月契約です。それを1カ月前倒しして契約を迫る営業マンは、決算期の値引きをエサに3月契約を迫るのですが、実はノルマ以外の理由がある場合があります。

生徒　何ですか、それは？

市村　サラリーマンの宿命である転勤です。３月は人事異動の季節で、大手ハウスメーカーは２月中には人事異動の内示が出ます。内示が出た営業マンは、なんとか３月中に契約をして自分の成績とした上で転勤したいのです。

生徒　せっかくの苦労も４月契約では自分の成績にならないから、３月中に契約してしまおうと。

市村　最近もこんな話がありました。仮にＹさんとしましょう。Ｙさんは11月頃からハウスメーカーと話を進め、設計や見積りにも大筋で納得できる状況でした。ただ、土地の境界のことで隣地所有者と少しもめていたので、その話が解決するまでは契約できないと言っていたわけです。

年が明けて３月、Ｙさんが解決した旨を伝えたところ、３月中に契約させてほしいというわけです。相談された私はＹさんに、営業マンの４月転勤がないか確認してから契約をするようアドバイスをしました。

３月22日の打ち合わせ時に、Ｙさんが転勤がないかどうか尋ねたところ、「４月にならないと転勤かどうかわからないのです」との回答。事前に「人事異動の内示は２月です」と教えてありましたから、Ｙさんは３月契約を断り、４月に契約する意向を伝えました。営業マンはがっかりした様子で、４月には転勤していったそうです（笑）。

生徒　そんなこともあるのですね。でも、営業マンの成績云々はともかく、Ｙさんの場合は打ち合わせは終わっていたわけですし、３月契約なら安いわけですよね。営業マンが転勤になったら不都合があるのでしょうか？

市村　先ほど言ったように、家づくりの打ち合わせ内容はさまざまで、かなりの時間を要します。各専門分野の人たちも打ち合わせに参加しますが、すべての窓口になるのは営業マンで、キーマンなわけです。

後任の営業マンが引き継いでも、その人は契約までの打ち合わせには参加していませんし、信頼関係もすぐには築けません。引き継ぎの際に「抜け」や「勘違い」が発生することはよくありますから、それがクレームに発展するわけですね。

仮契約は本契約と同じです

生徒　なるほど。3月の契約はいろんな意味で要注意ということですね。

生徒　ハウスメーカーと間取りや設備など細かい打ち合わせが終わったところです。あとは金額さえ納得できたら契約するつもりなんですが、契約する際に注意することを教えていただけますか？

市村　わかりました。今まで契約に関するトラブルをいろいろ見てきましたが、驚くのは、意外にも皆さん、実に簡単に契約行為に及んでしまうことです。

これだけは初めに強く言っておきますが、契約行為はとにかく慎重にしていただきたい。契約書がよくわからない方はプロに見てもらってください。法的拘束力が生じるので、場合によっては泣き寝入りですから。

生徒　何だか恐くなってきました。

市村　建物本体の詳細な打ち合わせが終わり、付帯工事の詳細な打ち合わせも終わりました、それに基づいた詳細な見積りが出てきて、いよいよ契約、というのが本来の流れですが、大まかな打ち合わせの段階で、「とりあえず仮契約をさせていただければと……」ということをハウスメーカーの営業マンはよく口にします。成績が悪い営業マンほど

生徒　この「仮契約」を言い出す傾向が強いです。仮契約ですから、本契約ではないわけですね？

生徒　そこが間違いのもとです。仮契約とは「とりあえず契約」ということで、とりあえず契約したあとに詳細な打ち合わせを進めましょう、ということ。本契約ではないから、簡単に解約もできるなどと思っている人が多いのですが、契約行為に「仮」も「本」もなく、法的拘束力が生じます。

生徒　仮契約も本契約も契約には違いないということですね。だったら仮契約など必要ないですよね？

市村　早めに競合相手を蹴落《けお》としたいからです。お客さんと詳細な打ち合わせをするには相当な時間が必要で、関連する下請け業者等とも詳細に打ち合わせますから、ものすごい手間がかかるわけです。それだけの手間をかけ、さあ契約をお願いします、というクロージング営業の段階で、「すみません、ほかのメーカーにします」と言われてしまったら、担当者は社内で批判を浴びてしまいます。だから、自信のない営業マンほど「仮契約」を言い出すわけです。

生徒　気持ちはわかりますが、それはハウスメーカー側の論理ですよね。

市村　その通りです。

生徒　仮契約を断って、詳細な打ち合わせをしてから契約をしたいと言ったら、「仮契約をさせていただかないと進められない社内の決まりで」などと言われませんか？

市村　そういうとき、日本人はもめ事が嫌いですし、つい情が移ったりもして、「まっ、いいか」となりがちですよね。ただ、考えてみてください。それで後々やっぱりメーカーを替えたいと思ってトラブルになったとき、契約後では泣くのはお客さんのほうです。そもそも仮契約にこだわる営業マンに優秀な人はまずいませんから、その時点でそのメーカーは除外していいと思います。

契約書――しておきたい訂正と質問

生徒　仮契約は×、詳細な打ち合わせをし、納得した上で契約することですね。では、契約の際の注意点を教えてください。

市村　契約には以下の資料が揃っている必要があります。

①設計図（平面図・立面図・配置図・仕様書）
②詳細な見積書
③請負契約書
④請負契約約款
⑤工事工程表

生徒　5点セットですか。①②はわかります。これまで打ち合わせしてきた内容通りなのかを確認すればいいわけですね。③④については何を注意すべきでしょうか？

市村　請負契約書に記載されるのは、請負金額・支払条件・着工時期・完成引渡し時期です。お金の面に間違いがないかのチェックですが、着工時期と完成引渡し時期に注意してください。

着工時期はあくまでも「予定」となりますが、多くのメーカーは「確認申請取得後○○日後に着工」と記載しています。確認申請とは、管轄の役所や民間の確認検査機関に提出する建築許諾申請で、確認済証をもらわないと着工ができません。確認申請取得が遅れれば着工も遅れ、完成も遅れるということで、引越し日を限定している場合などには問題になります。

生徒　確認申請の取得が遅れてしまうことはありますか？

市村　施主側の理由としては、申請提出後に間取り等の変更をした場合、当然申請の出し直しなどにより遅れます。この場合はハウスメーカーに対して文句は言えませんね。メーカー側の理由としては、怠慢による提出遅れ以外には、少し建築条件が複雑な場合、行政から指導が出て取得が遅れてしまうこともあります。
着工の遅れは完成の遅れになりますから、確認申請取得後ではなく「確認申請提出後〇〇日後に着工」と訂正してもらい、メーカー側の理由により着工が遅れた場合はメーカー側の責任であることを契約前に必ず打ち合わせ記録等に残しておくべきです。

生徒　なるほど。④の「請負契約約款」というのは何ですか?

市村　契約後に何らかの問題が起きた際の対処方法を決めておくための書類ですが、これはハウスメーカーにより内容がかなり違います。面倒臭がらずに熟読してわからない箇所があったら、契約前に質問をしておくべきです。特に問題となるのは「工事遅延損害金」の条項です。

生徒　契約時に決めた期日から完成が遅れた場合のことでしょうか。

市村　その通りです。先にもふれましたが、確認申請だけでなく、ハウスメーカー側の怠慢や施工の間違いにより完成引渡しが遅延した場合の損害金です。「遅延日数1日につき〇〇円」になるか明記されています。損害金の算出方法はハウスメーカーにより異なります。
多くの場合、1日あたり数千円ですが、たとえば、仮住まい家賃などが発生すると、それでは足りないケースがあります。それに備えて、「ハウスメーカー側の理由により遅延した場合、施主が被る一切の損害費用を負担する」といった内容を、覚書や打ち合わせ記録に残しておくべきでしょう。

生徒　確かに私の場合、現在の家賃が1カ月18万円で、解約するには3カ月前に通知しないといけませんから、引渡し直前に遅延すると言われたら、３カ月分の家賃54万円を負担することになってしまいます。

市村　大きな負担ですよね。参考までに『日弁連住宅建築工事請負契約約款』に一度目を通しておくとよいでしょう。かなり消費者である施主の側に立っていますから、ハウスメーカーは日弁連の約款で絶対に合意はしませんが、交渉する際の参考にはなると思います。

5時間目 「設計事務所・工務店に依頼する」授業

工務店・設計事務所の仕事の進め方

生徒　先生のご著書を読ませていただき、ハウスメーカーとの付き合い方は、ある程度理解できているつもりです。ハウスメーカーではなく、設計事務所に設計をしてもらって工務店で工事をしてもらうという選択肢もあると思いますが、設計事務所へのコンタクトの仕方がよくわかりません。

市村　設計事務所や工務店は、ハウスメーカーのように住宅展示場にモデルハウスなど出展していませんからね。
その場合はまず、知人・友人に設計事務所で設計して工務店で新築した人がいれば、紹介してもらうのがいいでしょう。仕事の進め方や住んでからの良い点・悪い点など意見を聞くこともできます。そのような人がいない場合は、住宅雑誌に掲載されている写真などを見て、自分の希望する家を設計している事務所にコンタクトをとったり、最近では「建築家と家を建てる」といったコンセプトの集団もありますからネットで調べてみるといいでしょう。

生徒　設計事務所は、大規模なものから所長一人で運営しているところまでさまざまです。住宅を主としている事務所は数人規模の事務所が大半ですね。

生徒　木造・鉄骨造・コンクリート造と、いろいろありますが、得手不得手はないのでしょうか？

市村　一般に言われる設計事務所とは意匠専門の事務所で、構造・設備設計の部分は大半が外注していますが、構造種別により得手不得手はあります。そのへんは、設計事務所の過去の実績を見て判断するしかないと思います。

生徒　設計事務所に仕事をお願いするときは、どういう手順になるのでしょうか。

市村　設計事務所は、まずは希望する住宅について施主にヒアリングをして、基本計画案を提出します。多くの設計事務所では、この段階までなら設計料は発生しないと思います。

生徒　提出された基本計画でお願いするかどうか、ここで判断するわけですね。

市村　この段階では、図面としては平面図・立面図・断面図等が提出されます。そのほかに外観パースや模型など提出することもありますが、大事なことはプレゼンテーション手法がものすごくうまい設計事務所は、「かっこいい」ことを見せつける手法をとります。たとえば外観パースを現実には見えない位置から描いたり（前面道路が狭くて家は遠くから見えないのに、そういう絵を描くなど）、鳥の目線の鳥瞰《ちょうかん》パースを提出したり、そのような目くらましに惑わされないこと

生徒　です。一度クールダウンして提案を吟味する必要がありますね。

市村　設計図を読み取るのはなかなか難しいことですから、この段階で第三者の専門家にアドバイスしてもらったほうがいいでしょうね。デザイン以外に、建築基準法等の制限に引っかからないか、施工上の問題がないかなどは、素人の方には難しいですからね。

生徒　人間性の相性もありますからね。

市村　確かに長いお付き合いになるわけですから、その辺も大事ですね。

生徒　設計事務所を決めたら、どのような進め方になりますか?

市村　基本計画案に沿って建築費の概算が算出された上で、設計監理料が算出されます。設計監理料は、日本建築家協会・建築士事務所協会等の団体が建物の用途や建築費によっての算出方法を決めていますが、施主は、設計事務所から設計監理料の算出根拠を提出してもらい、金額が妥当なのかを判断することになります。

生徒　設計監理料が妥当かどうかは素人の私では判断が難しいので、やはり第三者のプロの方に相談したほうがよさそうですね。その上で妥当となったら契約と?

市村　設計監理業務委託契約になります。設計監理とは、基本設計→実施設計→現場監理の3つに分かれ、それぞれの業務内容と報酬が決められます。これらのトータルを「設計料」と言うわけです。ここで大事なのは、たとえば基本設計が完了した段階で何か問題が起こり、継続してお願いできないとなった場合、基本設計完了時点で業務委託契約を解除できるような契約にしておくことでしょう。

生徒　わかりました。それでは設計が完了し、実際に建築を依頼する発注先はどうなります

市村　か？
設計事務所から数社の工務店に見積りを依頼してもらい、見積り金額が妥当か、技術的問題がないかを精査し、決定することになります。
最終的にはどの工務店に発注するかの決定は施主がしますが、通常は設計事務所の助言をもらうことになります。見積りを依頼する工務店は、設計事務所が推薦する工務店だけではなく、施主自身が友人・知人から紹介を受けたり、金融機関から紹介を受けた工務店を参加させるほうがいいと思います。

生徒　ここでもやはり第三者の意見を聞いたほうがよさそうですね。その上で工務店が決まると工務店との契約ですね？

市村　工務店とは建築請負契約を結びますが、この契約も内容が多岐にわたりますから、設計事務所の助言が必要ですね。

生徒　工務店が決まり着工してからは、設計事務所が現場の検査をするのですね？

市村　設計事務所の現場監理が開始されます。設計事務所は定期的に施主に書面で監理報告をする義務があります。工事が完了したら設計事務所から監理業務完了報告書が、工務店からは引渡しに必要な書類が提出されます。こうした一連の監理報告がないのは義務違反ですから、設計事務所に請求してください。

「匠」はデザイン優先のところが多い

生徒　ハウスメーカーに依頼する場合と比べると、かなり面倒な感じですね。

市村　本書の内容が相当程度頭に入っているレベルの方で、自分のこだわりを十分に反映させたいし、いい加減な仕事を見抜く自信もあるという方が、設計事務所や工務店に頼むということならいいと思います。

ただ、テレビに登場するようないわゆる「匠」に家づくりを頼みたいから、といった理由ならやめたほうがいいと思います。設計事務所に依頼し工務店で建築する場合、ハウスメーカーに依頼する場合に比べてクレーム率が高いのは事実のようですから。

生徒　そうなんですか？　匠とか建築家とか聞くと、憧れ感がありますけど。

市村　2時間目の「間取りの授業」でもお話ししましたが、設計事務所はどちらかと言えばデザインを優先し、機能面・施工面での技術に関して勉強不足なところが多い。もちろん常日頃から切磋琢磨している設計事務所もありますが、数から言えば少ないと思います。

生徒　でも、ハウスメーカーに依頼しても、その下で、関連の設計事務所や工務店が仕事を請け負うことは多いと聞きます。それなら初めから設計事務所に頼んだほうがコストも安くなりそうだし、という考え方は間違っているということですか？

市村　間違ってはいませんが、よほど勉強し、質のいい設計事務所を選ばないとうまくいかないことが多い。それに、あくまでも一般論ですが、ハウスメーカーのほうが規模が大きく経営基盤が安定していますから、トラブルやクレームが発生したときの対応力がある場合が多い。設計事務所・工務店の場合、満足に対応してもらえない確率が少し高いと思います。

どこに設計監理をお願いするかは最終的には自己責任ですから、設計事務所を窓口にしたいのであれば、ハウスメーカーに依頼する場合以上に、施主も事前に基礎知識の勉強をしておく必要があると思いますね。

6時間目「手抜き工事をさせない」授業

——うるさい施主ほどうまくいく

さて、契約までの授業が終わり、いよいよ授業の舞台は工事現場に移ります。

知識や技術において、建築ほどプロと素人の差がある分野はあまりありません。ですから、「素人にはどうせわからないのだから、せいぜい手抜きをされないように、大工さんたちのご機嫌をとっておこう」くらいに思う施主の方が多いようです。

ただ、進んで人間関係を悪くする必要はありませんが、「いい人」になろうとして言いたいことも我慢した挙句に大問題が発生し、後悔された方がかなりいらっしゃるのも事実です。施主だからと別に威張る必要はありませんが、大金を払うのはあなたなのですから、「後悔のない、いい家をつくる」ためには、チェックの目を厳しく注ぎ、必要とあらば改善を要求するのは、当然の権利なのです。

技術的なチェックはプロに頼むのが最善ですが、ここでは、素人でもできるチェックポイント、そして、泣きを見ないための施主の心構えを教えます。

ハウスメーカーは家を売るだけで、つくってはいない？

生徒　先生、すべて決まって、確認申請許可も無事に取得できました！　いよいよ着工になりますが、工事に入ったら私たちは何もできないので、あとはハウスメーカーに任せて完成を待つしかないのですよね？　楽しみですが、きちんと家が出来上がるのか若干の不安も……。

市村　何もできないことはないですよ。その前に、そもそも論ですが、ハウスメーカーに任せたと言っても、あなたの家は、ハウスメーカーの社員がつくっているわけではありません。

生徒　そうなんですか？

市村　そうです、実際に家をつくっているのはハウスメーカーの下請け会社です。

生徒　では、ハウスメーカーは工事中何をしているんですか？

市村　ハウスメーカーは、主に手配や発注、監理をしているということです。大手のハウスメーカーでは、工程ごとの検査項目、チェックポイントが決まっていて、そのチェックをクリアできなければ、次の工程に進めないという仕組みになっています。

生徒　そういうことですか。でも、検査をしてくれるなら安心ですよね？

市村　そうとも言えません。そうであれば、私のインスペクション業務はこんなに忙しくないですから（笑）。正しい時期に、きちんとした検査がされていれば問題はないのですが、現場監督自身のスキルやモラルなどの問題もありますから、検査をすれば大丈夫とは言い切れません。

生徒　ハウスメーカーの検査は信用できないということですか？

市村　検査をちゃんとやっている場合もあるが、

そうでない場合もある。さらには、やっているように見えても、重大なミスを見落としている場合がある、ということですね。

生徒　不注意ということですね。

市村　怠慢や不注意でなく、それがまずい状態であることがわからない、つまり知識不足の場合も結構あります。

生徒　それは困りますね。チェックの意味がないですよ。

市村　どうしてそういうことになるか。ハウスメーカーの会社の中を覗くと理由わかりますから、まずは、工事が始まる前、ハウスメーカーの内部では、どのような打ち合わせがされているかを説明しましょう。

神経質な施主には優秀な大工が割り当てられる!?

市村　まず、1つのハウスメーカーが、同時にかなり多くの家づくりを手掛けていることはご想像がつくと思います。

生徒　当然そうですよね。

市村　ということは、同時に何軒もの現場が工事中なわけで、常にたくさんの職人の方が、ハウスメーカーの仕事に携わっているわけです。ここで忘れてはならないのは、職人さん個々のスキルやモラルの高さが均一ではないということがあります。

生徒　大工さんの腕の良し悪しということですか?

市村　そういうことですね。大工のAさんとBさんがいるとします。腕はAさんのほうが優秀で、いつもお客様の評価が高い。一方、Bさんはあまり腕が良くなくクレームも目立ちます。

生徒　Bさんに我が家を建ててもらうのは嫌ですね（笑）。

市村　誰でもそう思いますよね。でも、何軒もの現場を同時に進行させるには、ハウスメーカーにとってはBさんも貴重な戦力というわけで、ハウスメーカーの工事前には、職人の割り振りを調整・決定する会議が行われるわけです。

生徒　そうしないといくつも同時にできないですもんね。

市村　そうです。担当営業・工事部門の責任者・担当工事などで、どの大工さんに、どの現場を担当させようかと相談するわけです。するると、担当営業は自身のお客様でクレームが発生するのは避けたいですから「Aさんをこっちに割り当てて！」とお願いするのですが、同時に着工する別の現場の施主が「相当神経質な方です‼」という情報が入っていれば、工事責任者はそちらにAさんを投入したくなるわけですよ。

このようにして、職人さんの腕の良し悪し、工務店のスキル、はたまた施主の性格などを鑑《かんが》みて、担当する物件が決まっていくことはよくあります。

生徒　それはいやだなぁ。なんだか「花いちもんめ」みたいですね（笑）。

市村　笑っていると、Bさんがそちらの現場に割り当てられますよ（笑）。逆に言うと、いい職人を回してもらいたかったら、打ち合わせを通してきちんと「私は神経質ですから‼」とアピールしておくことです。

生徒　神経質でクレームを言いそうだったらいいんですか？

市村　クレーマーのふりをしなさいというのではなく、たとえば、毎度の打ち合わせ内容を整理して、メールなどで「本日の打ち合わせ内容の確認」を逐一送ったり、確認のサインをしてもらったりする。神経質な人だとも思われますし、同時に「言った、言わない」のミスを防ぐことにもなりますから、お勧めのやり方ですね。

担当する現場監督がベテランだから安心？

生徒 先生、おかげさまで我が家の担当する工務店が決まったようです。スキルも高く、ハウスメーカーからも表彰されるような工務店さんのようで安心しました。

市村 よかったですね。

生徒 それに、担当して頂く現場監督もかなりベテランの方のようです。まずは一安心ですよね？

市村 ベテランの監督さんですか……。

生徒 何か問題がありますか？

市村 実は、ここにも落とし穴があるので要注意です。

生徒 それはどういうことでしょうか？

市村 ハウスメーカーは工務店などと違い、会社内がきちんと組織化され、ピラミッド型になっています。ですから、社内で優秀と評価される、もしくは結果を出した人間は早いうちに出世していき、チームや各組織全体の管理を任されることになります。

生徒 ということは……。

市村 そういうことですね（笑）。ベテランの現場監督は、大きく分けて3つのタイプに分かれます。

①優秀で現場にも精通しているが、組織をまとめたりする能力に欠ける

②仕事はそこそこできるが、出世欲もなく会社内の評価もそれほど高くない

③そもそもあまり優秀ではない

生徒 私の会社も似たようなものですから、想像はつきます。

市村 これはそれぞれの社内事情がありますし、評価基準も違いますから一概には言えませ

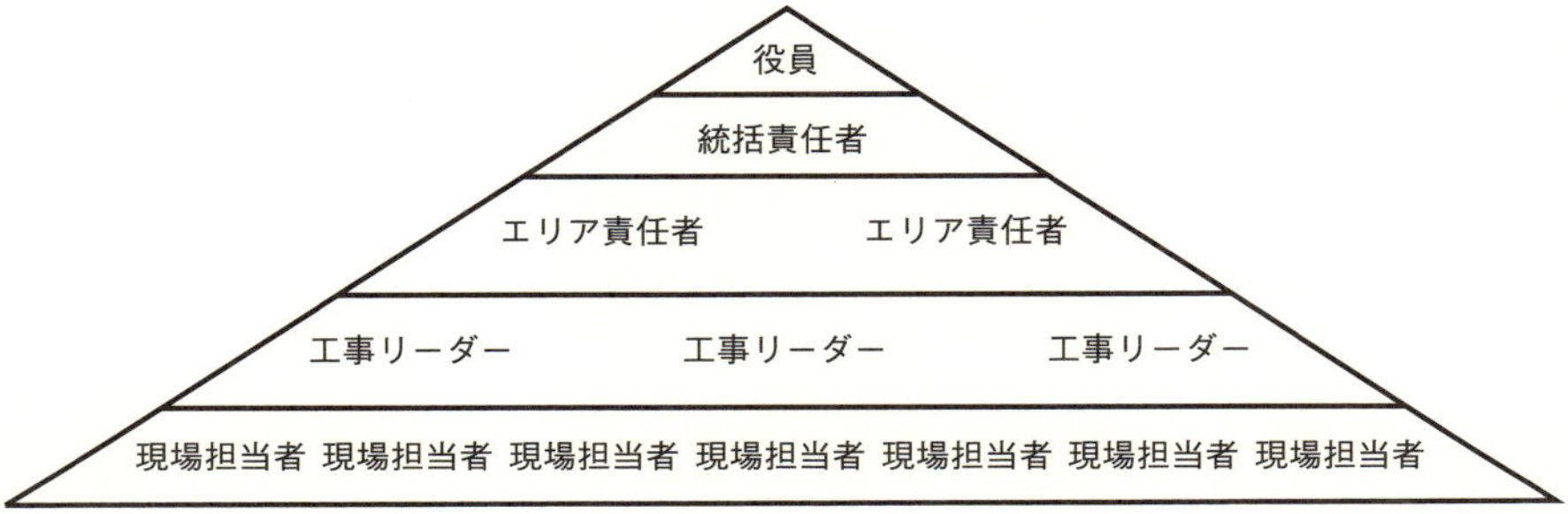

んが、傾向としてはどの会社も同じだと思います。

生徒　我が家の担当ベテラン監督は大丈夫なんでしょうか？

市村　現場が始まればすぐにわかりますよ。現場での打ち合わせ、「地縄確認」の日程は決まりましたか？

生徒　はい。そういえば、そのような打ち合わせがあると、営業の人から言われています。

市村　では、当日何に注意を払えばよいかを次のテーマにしましょう。

地縄確認時のチェックポイント

生徒　「地縄確認」とは聞き慣れない言葉ですが、何を確認するのでしょうか？

市村　簡単に言えば、それまで図面を見ながらやり取りしていたものを、実際の現場に落とし込んで打ち合わせをするイメージでしょうか。つまり、100分の1や50分の1のスケールで見ていたものを、家を建てる実際の現場に行って、1分の1の等身大スケールで確認するわけです。

生徒　敷地にいくつも杭を打ってビニール紐で結んでいるのをときどき見ますが、あれのことですか?

市村　そうです、昔は縄でやっていたわけですね。地縄確認で大事な項目は3つあります。

①境界の確認
②建物配置の確認
③地盤面（高さ）の確認

これらが図面と違っていたら大事ですから、必ずどのメーカーでも確認します。

生徒　なるほど、大切な確認ですよね。

市村　あとは、設備関係の確認でしょうか。

・水道やガス、電気のメーター位置や引き込みの確認
・エアコンの室外機や、給湯器の位置確認

このあたりは、設計者が検討不足なケースがときどきありますから、現地での確認は重要です。

生徒　ほかに確認や、注意点はありますか?

市村　ここまでの話はメーカーサイドが主導で確認をしていくので、問題があれば気づくと思いますが、それとは別に、施主目線で確認したいポイントがあります。これで、だいたい現場監督の力量がわかりますよ（笑）。

・仮設物がきちんと設置されているか?
↓仮設トイレがあるか?　内部の備品（トイレットペーパーなど）があるか?
↓仮設水道が設置されているか?　ホースリールは接続済みか?
↓仮設電気（電柱）はあるか?　電柱はまっすぐに建て込まれているか?

・車両関係
↓前面道路の路上駐車状況
↓担当者（現場監督、工務店担当者）の

車の中はきれいか?

・その他

↓仮囲い養生（工事現場の囲いネットなど）は設置されているか?

↓敷地と道路に高低差がある場合のアプローチはきちんと準備されているか?

生徒　項目は多いですが、これならば私たちでも確認できますね。

市村　一言で言えば、これらがきちんと整理されていて、工事開始を待っている現場であれば問題なし。乱雑で「これから工事が始まるの?」という状態の現場は危険信号です。参考までに、危険信号を発している写真を掲載しておきます。

不幸にもあなたの家づくりの現場がこうした現場だったら、近隣にも迷惑がかかりますから、すぐにハウスメーカーにクレームを入れるべきでしょう。私の経験上、こういう状態の現場で、出来上がった家は素晴らしかったということはまずありませんから。

生徒　言えば、現場監督を交代させてもらえますか?

市村　なかなかそこまでは聞き入れてくれませんが、先ほども言ったように、とにかく「神経質でうるさい客だ」と思わせることが成功への道。緊張感を持たせるだけで仕事の質が違ってきます。

[写真①] 地鎮祭当日の模様。仮囲いの設置もなく、仮設トイレも未設置の状況。
これで翌日から工事着手との説明だが……。

[写真②] 工事着工直後の現場だが、地面養生がなく、道路に泥汚れが目立つ。
昼休みのようだが、立ち入り禁止のゲートが開放されているのも気がかりな点。

基礎工事で報告させるべき内容

生徒　地縄確認も無事に済みまして、基礎工事が順調に進んでいるようです。平日は仕事でなかなか現場を見に行けないので若干不安なのですが、何か報告してもらうようなことはありますか？

市村　技術的な部分が多いので、工事自体の可否をジャッジするのはなかなか難しいですね。現場に顔を出したとしても、現場管理がきちんとされているかを確認するくらいでしょうか。清掃状況や工事関係の車両の駐車場所などがきちんとなっているかどうかには目を光らせましょう。

そして、基礎工事の段階で報告してもらうことで、大切なことが2点あります。

①コンクリートの流し込みをいつ行うのか？

②コンクリートの養生期間はどの程度か？

まず、基礎の型枠へのコンクリート流し込みですが、品質に影響を与えるのは降雨です。生コンクリートに雨水が入ると、水分過剰になって強度が出なくなりますから。

そのため、現場は天気予報とにらめっこしてコンクリート流し込みの日を決定しますが、日程が決まった段階で、報告をもらっておくといいです。よくある話ですが、流し込み予定日が休日明けの場合、現場監督が前日に連絡が取れず、施工当日の急な降雨に対応できずに、雨の中で流し込みを行ってしまうことがあります。

会社によって現場監督の休日は違いますから、定休日を確認しておき、その翌日のコンクリート流し込み予定の場合は要注意。

生徒　現場の様子を確認しに行きたいところです。場合によっては会社を休んででも？

市村　そうですね。基礎は家の土台ですから、このコンクリート強度が出ないとその上に乗る家がいくらうまく出来上がっても砂上の楼閣になってしまう可能性があります。

生徒　そういうことなんですね、わかりました。

市村　次のポイントは、コンクリートを流し込んだあとに、一定期間シートをかけたり夏は冠水させたりして、そのままにしておかなくてはいけないこと。養生期間の問題ですね。

生徒　一定期間とはどの程度ですか?

市村　時期や温度、コンクリートの種類などによって基準が決まっていますから、一概には言えませんが、養生期間が正しく予定されているかの確認はしたほうがいいでしょう。

生徒　養生期間は、長ければ長いほうがいいんですか?

市村　理論的にはそうなのですが、コンクリートはある程度の養生期間で強度発現をし、1カ月もすれば8割程度の強度が出ます。最近のコンクリートは、冬期などでなければ5日も養生しておけば十分でしょう。

生徒　もし養生期間が短かったらどうなりますか?

市村　ひびが入ったり、割れてしまうこともあります。参考までに、基礎工事が始まって現場に出向いた際、チェックできることがまだありますから、写真で説明します。

基礎工事が始まったら、現場の仮設トイレを覗いてみましょう。現場のきれいさと反映している傾向があります。この現場は、傾向通りの乱雑ぶりでした（写真③）。

こちらも要チェックポイントですが、仮設電気の蓋が開けっ放しの様子（写真④）。コンセントもブレーカーが上がりっぱなし。だらしない現場ということがわかります。

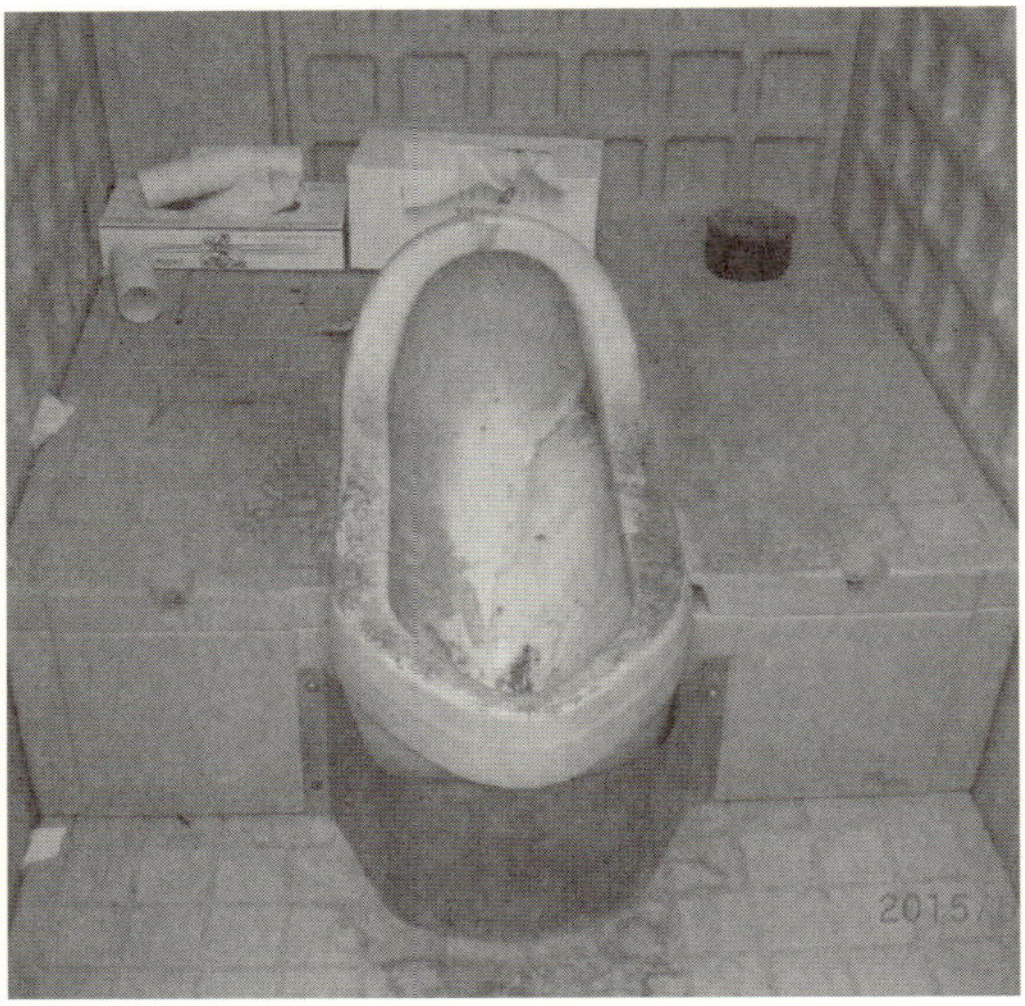

［写真③］ 現場の仮設トイレ

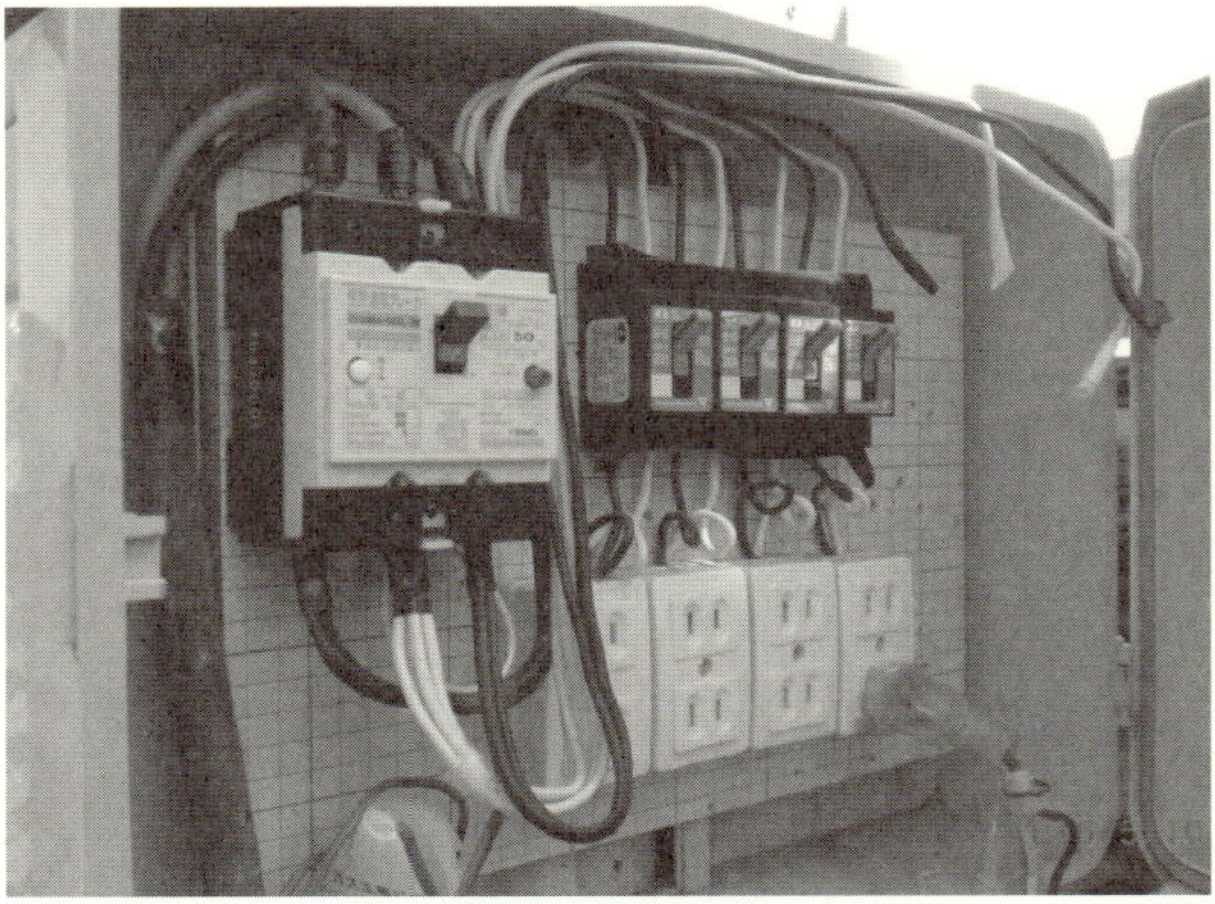

［写真④］ 仮設電気の蓋

「上棟立会い」って何をするの？

生徒　工事のほうも順調に進んでいるようで、来週、現場で上棟立会いに来てほしいとのことです。上棟立会いとは何をするのでしょうか？

市村　上棟（棟上げ）というのは、家の骨組みとなる構造体の組み上げが完了した段階のことですね。近隣の人たちに餅をまいて上棟を祝う光景は、今でもありますよね。

生徒　上棟式ですね。あっ、その立ち会いのことですか？

市村　いえいえ、上棟式と上棟立会いは違うんですよ。上棟立会いとは、主にコンセントやスイッチの位置関係を施主に確認してもらうためのものです。

生徒　失礼しました。餅まきではなく、図面上で決めた位置などを実際の現場で確認するということですね。

市村　そうです。設計部門とインテリア部門が分かれているハウスメーカーの場合、この打ち合わせは非常に重要です。というのも、設計図は幾度かの変更を踏まえて決定していきますが、インテリアの決定時期が早いと、最終図面にそれが反映されていないケースがあります。

生徒　どういうことですか？

市村　たとえば、ある程度のプランが決定した段階で、スイッチの位置を決定したとしますね。その後の打ち合わせで、そのスイッチがついている壁が取りやめになることがあります。すると、スイッチの位置が宙ぶらりんのままになってしまう。

また、手持ちの家具を置く場所が変更になったり、新規購入を考えている家具などの陰にコンセントが隠れてしまったりといったこともよくあります。そのような箇所がないかを入念に確認してください。

生徒　それが上棟立会いなんですね。そういえば、今度購入するテレビボードのことを伝え忘れていました！

市村　立会いで実際の壁の位置や寸法が確認できますから、多少の変更は融通が利くと思いますよ。

生徒　たとえば、コンセントが不足していると感じた場合、追加などは可能なのでしょうか？

市村　現場の進捗状況にもよりますが、技術的には可能だと思います。追加の費用がかかってしまうと思いますので、予算と相談されてください。ほかにも給湯器のリモコンやインターホンなど、壁に据え付けるものの位置を確認しておきたいですね。また、上棟立会いのタイミングで、引渡し日程もおおよそ決まると思います。

生徒　うわぁ、いよいよ完成が近づいてますね！

市村　引渡しまでの日程や、必要な手配など諸々の確認をしてください。特に、ライフラインの確認は重要です。引渡し時に水道、電気、ガスなどが使用可能な状況になっているかを確認しておいてください。

見落としがちなのは、固定電話とインターネット回線です。電話はメーカーによって違いますが、電話線が準備されている場合とされていない場合があります。配線の有無を確認し、NTTへ連絡をすること。

また最近では、家庭内LANやメディア関係のケーブルを1カ所で管理するため、情報分電盤を準備するメーカーがほとんどだと思いますが、インターネット工事などで作業が必要になりますから、情報分電盤の設置場所も確認が必要です。

生徒　わかりました。そろそろ引越しの準備もしないと。いろいろと手配が大変ですね。品質的なチェックで注意することはありますか？

上棟立ち会い後のチェックポイント

市村　上棟が終わると、家はどんどん完成に向かっていきますが、この頃から現場にはさまざまな職種の人間が出入りすることになります。大工さんはもちろんですが、電気業者、水道業者、外装業者……。

工務店のスキルが低かったり、現場監督の管理が甘いと、現場が荒れてくるのがここからですから（笑）、今一度、現場がきれいに整理・整頓・清掃されているかを確認し、うるさい施主に徹してください。

生徒　いい人になっても損するのは自分ですもんね。

市村　その通りです。技術的なチェックプロに任せるのが無難ですが、一般の方でも目視できるチェックはあります。

・釘やボルトがきちんと止まっているか
・材料に目立った欠けや傷がないか
・断熱材に目立った隙間がないか
・木造であれば、極端な濡れ色をした合板はないか

などです。

詳しくは、本書付録のＤＶＤをご覧いただければ、どのようなチェックをすればよいかわかりますから、ぜひ参考にしてください。

[写真⑤] 確認例①。固定釘がきちんと打たれていない、いわゆる「外れ釘」。

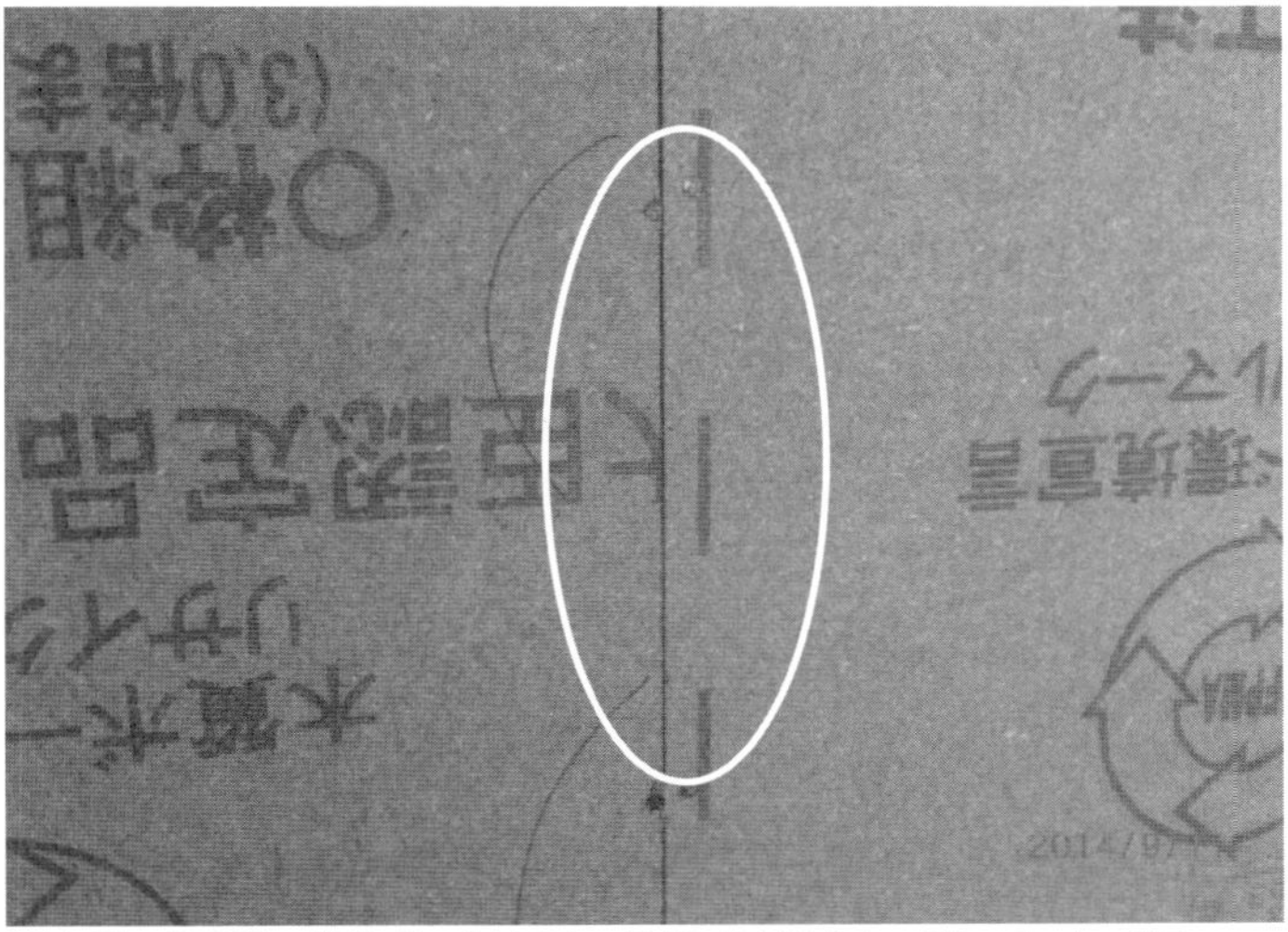

[写真⑥] 確認例②。外壁下地の固定釘を、端部に打ち過ぎていて効いていない様子。

[写真⑦] 確認例③。外壁下地材が濡れてしまっているのが一目瞭然。乾燥させれば問題はないが、このまま工事を進めてしまうと……。

「竣工検査」では、何を確認すればよいのか？

生徒　紆余曲折《うよきょくせつ》ありましたが、おかげさまでなんとか完成目前です。

市村　よかったですね。

生徒　来週、現場が完成するので、竣工検査に来てほしいと連絡がありました。具体的に何を見ればいいのでしょうか？

市村　その前に、まずは現場が本当に完成しているかどうかの確認ですね（笑）。

生徒　えっ？　現場が完成するので、竣工検査の連絡が来たのでは？

市村　そうでなければいけないんですが、特に、ハウスメーカーの決算や繁忙期などは、竣工検査を「現場未完了」のまま実施するケースは多いんですよ。

生徒　ということは、きちんと完成しているかをまず確認と。

市村　そうです。部分的に搬入日が遅れたり、手直しのための材料再送などで未設置箇所があるのはまだ理解できますが、少なくとも、次の項目が完了していないのは問題です。

・インフラは使用できるか？

↓たとえば、電気が引き込まれていないと、

　機器の試運転ができません。

・社内検査、および指摘是正は完了しているか？

・検査済証は取得したか？　もしくは取得予定日は明らかか？

・仮設物の撤去は完了しているか？　もしくは撤去予定日は決定しているか？

生徒　なるほど。早速確認してみます！

市村　竣工検査は、どのメーカーも1～2時間程度を想定していると思います。その時間のうち、メーカーサイドから機器の説明をする時間もありますから、ご自身で現場を確認する時間はそれほどありません。短時間で一人ですべての項目をチェックす

るのは難しいので、ご夫婦などで立会いをされたほうがいいですね。奥様が説明を聞いてご主人は現場を確認するとか、役割分担が必要になります。また時間が限られているため、施主による竣工検査は、ハウスメーカーの社内検査完了後に行うこと。これはマストと言えます。

気になる傷や汚れ、音などに対する指摘はもちろんしていいのですが、これは感覚的な部分が多く、個人差がありますから割愛します。そのほか、竣工検査では、次の項目を確認することが重要です。

・窓の開閉状況、施錠状況
・内部、外部ドアの開閉状況、施錠状況
・衛生機器の試運転
・キッチン引き出しなどの開閉状況、内部の清掃状況
・床の仕上がり状況
　↓極端な目違いがないか？　局所的な浮きがないか？　音鳴りはないか？
・要望したコンセント位置など間違っていないか？
・インターホンの稼働状況
・照明器具の点灯状況

とにかく、動くものはすべて動かしてみることが重要です。そして、見えない箇所は脚立などを用意してもらい、可能な限りチェックしましょう。

また、引渡し時に取扱説明書は渡されますが、ウォシュレット、給湯器リモコン、キッチンの使い方など、インフラ関係の取扱いなどは説明を受けておいたほうがいいでしょう。

詳しくは、本書付録のＤＶＤをご覧いただければ、どのようなチェックをすればよいかわかりますから、ぜひ参考にしてください。

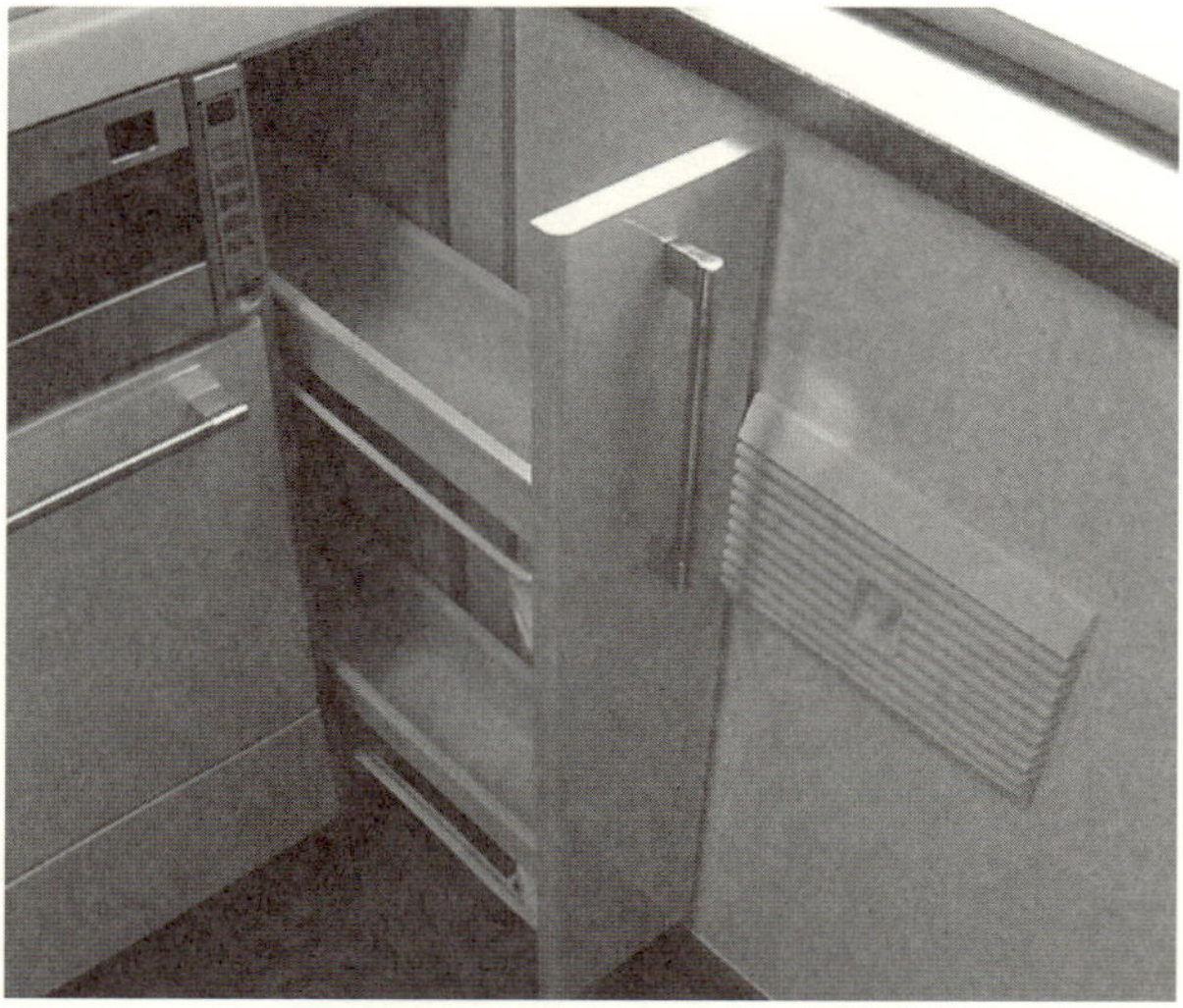

［写真⑧］竣工検査の現場写真①。キッチンの引き出しが給気口と干渉して全開しない。

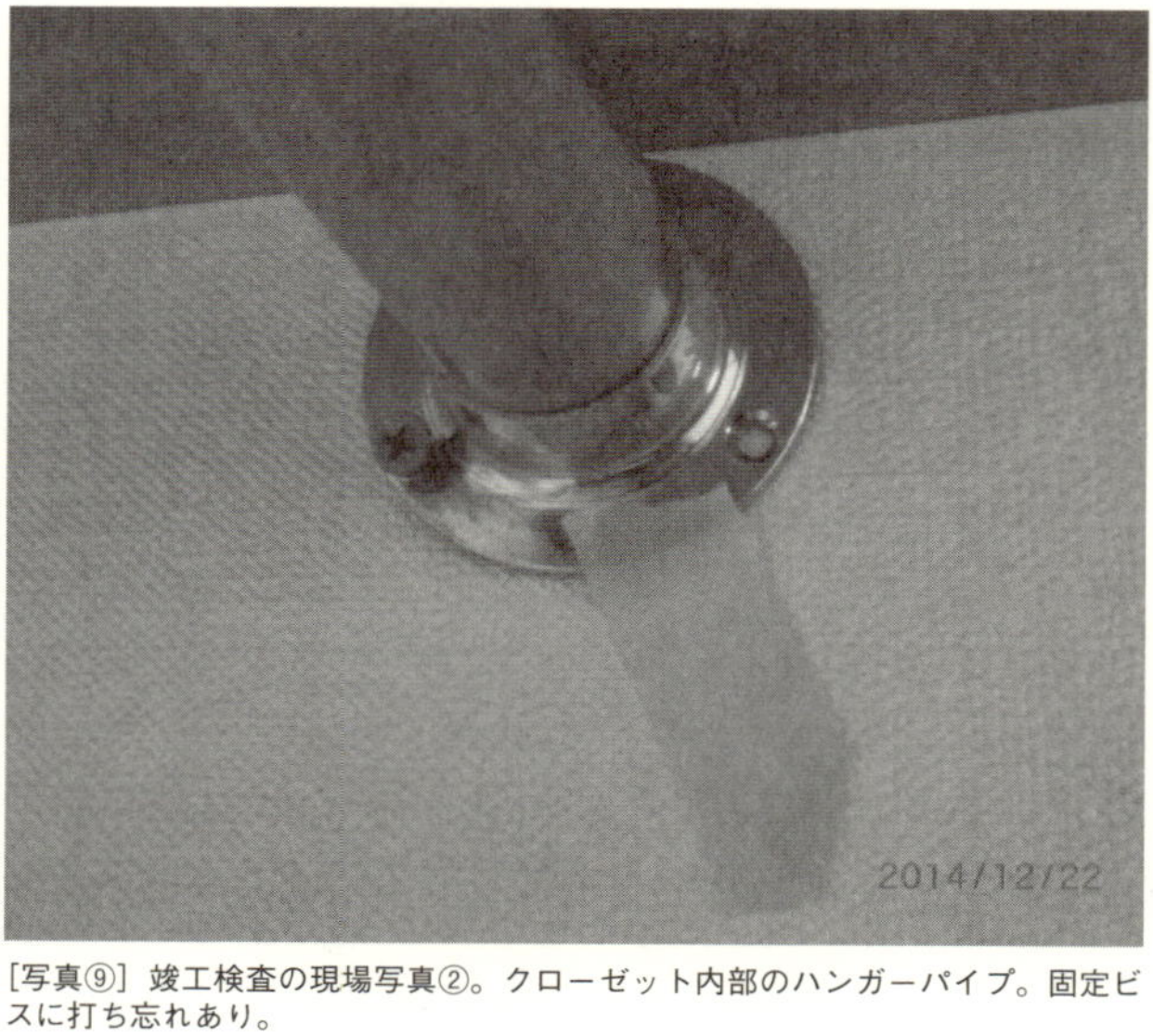

［写真⑨］竣工検査の現場写真②。クローゼット内部のハンガーパイプ。固定ビスに打ち忘れあり。

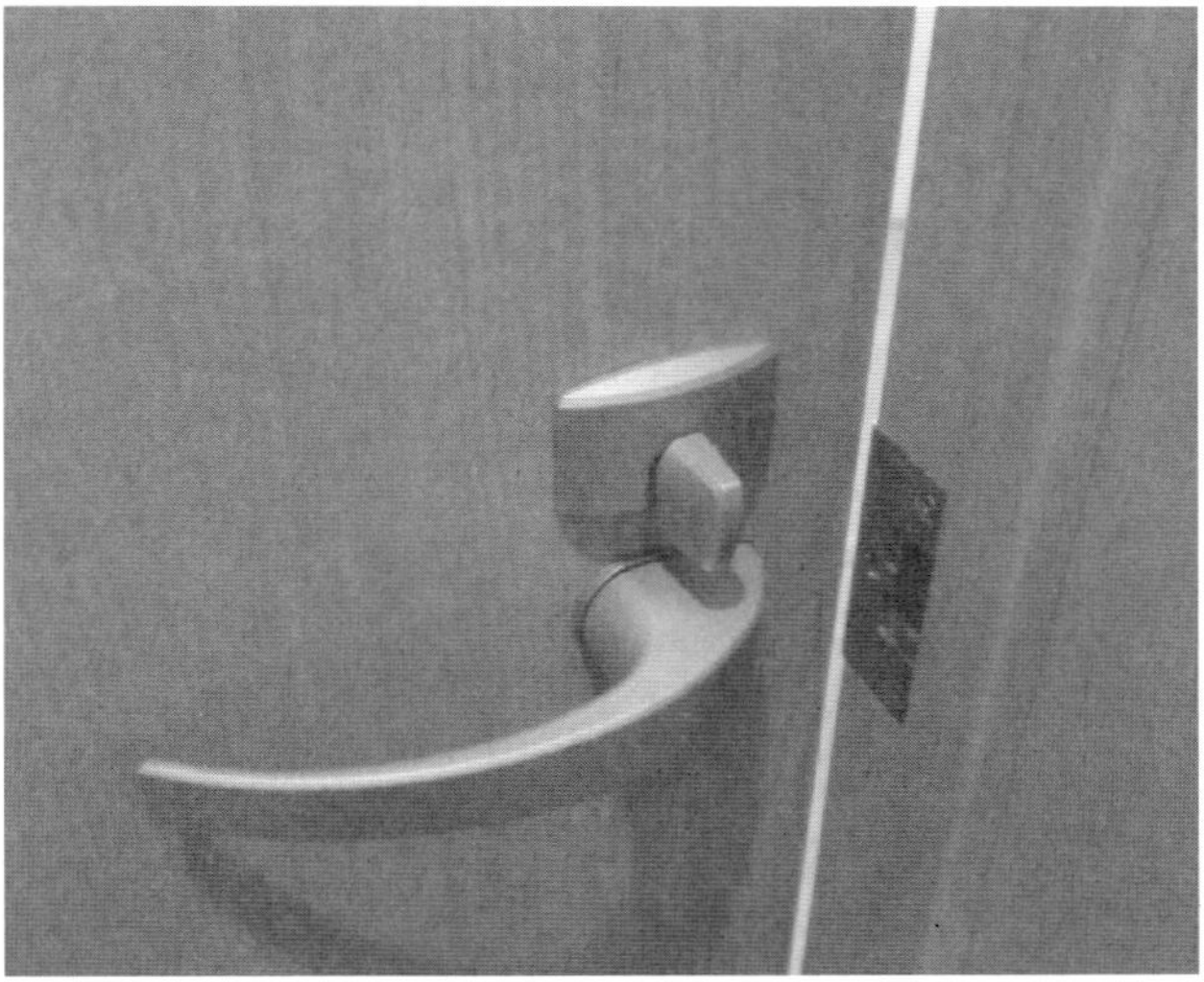

［写真⑩］竣工検査の現場写真③。ドアの開閉状況、鍵の施錠状況は確認が必須。

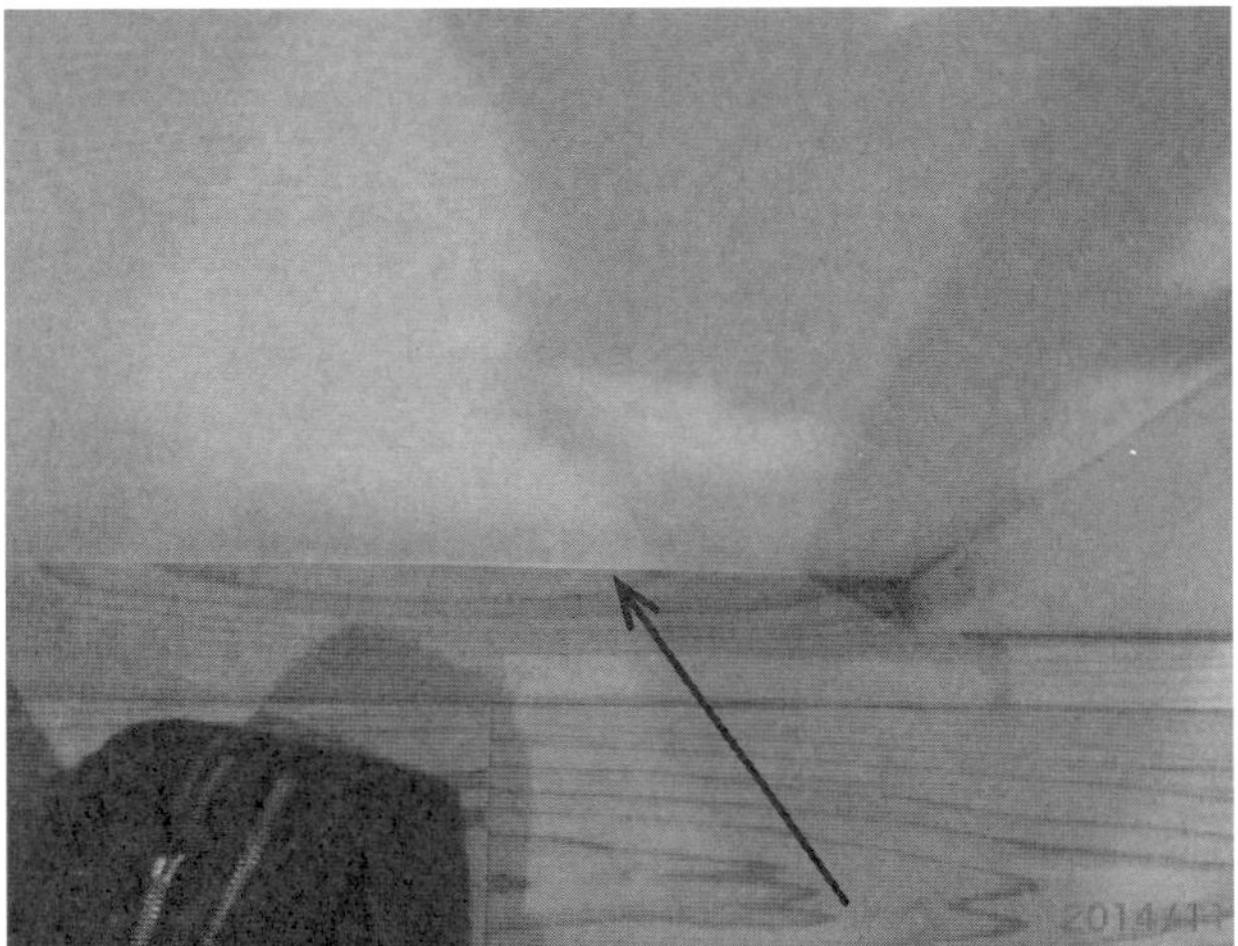

［写真⑪］竣工検査の現場写真④。壁の施工が悪く、上から見ると湾曲している。引戸の開閉に支障がある状況。

引渡しの際に注意することは？

生徒　引越し日も決まりまして、あとは引き渡しを受けるだけです。

市村　ようやく、新居での生活がスタートですね。大変だったと思います。

生徒　おかげさまで、なんとか理想に近いマイホームを手に入れることができました。

市村　いえいえ。念のため、引渡しに際しての注意事項をお伝えしておきましょう。

生徒　お願いします。

市村　まず、最初に確認することは、「竣工検査で指摘した事項の是正が完了しているか」を確認することです。万が一、完了していない場合には未完成の理由と、いつ完了するのかを明文化した文書をもらっておきたいところです。このあたりを曖昧にしておくと、引渡し後になかなか是正がされず、それまでの良好な関係にひびが入ってしまうケースが実際ありましたから。

生徒　それは大事ですよね。

市村　また、銀行決済などの都合上、引渡しを現地ではなく銀行などで行うケースもあります。そのような場合でも、必ず現地確認をする時間を設けるようメーカーに要望されるといいでしょう。

次に、関係書類の引き取りですが、かなりの書類に記名、押印しなければなりません。ここでは、きちんと「その書類には何が記載されているか」を確認してから判を押してください。面倒だと感じるかもしれませんが、家づくりラストの重要な仕事です。保証書の受け渡しの際にも、必ず保証内容を確認してください。

これらは大切な書類ですから、ファイリングして大切に保管するとともに、すぐに引っ張り出せるようにしておくことです。

生徒　わかりました。渡される書類は、どのよう

市村 なものになるのですか?

生徒 メーカーによって、多少の違いはありますが、次の書類が一般的です。

・建物引渡し証明書
・鍵の受領書
・建物保証書
・メーカーの印鑑証明など登記に必要な書面
・工事監理報告書
・メンテナンス方法が記載されたもの
・緊急連絡先一覧
・取扱説明書一式 など

市村 かなりのボリュームですね。

生徒 これらの書面がすべて揃っているかどうかの確認は必須です。そうそう、引き渡しを受けたあとは、建物の管理は施主の責任ですから、帰る際の施錠は忘れずに(笑)。

市村 うっかりしそうですもんね(笑)。引渡しのあとに、何か気になった部分があればどうすればよいのですか?

生徒 よくあるケースは、設備や電気関係の初期トラブルです。給湯器など、試運転を実施し問題がなかったとしても、引渡し後に不具合が発生することは稀《まれ》にあります。そういった場合には、担当者に連絡を入れればすぐに対応してもらえるはずです。

市村 また、入居後の1カ月や3カ月で入居後訪問を実施するメーカーなどが多いので、緊急性がないものはメモ書きなどでまとめておき、その際に伝えればいいと思います。

生徒 引越し後はバタバタしそうですから、忘れないようにメモを書くようにします!

市村 最後に付け加えますが、引越し時にはあとでトラブルにならないよう、くれぐれも引越し業者と養生方法や範囲、傷の有無を確認しておいてください。

生徒 ありがとうございます。新居生活が始まったら、ぜひ遊びに来てください!

市村 楽しみにしています。

―第3部―　課外授業

ホームインスペクターは見た！
ハウスメーカー事件簿

ここからは、課外授業です。これまでの授業でも私が実際に見てきた実例を多く語ってきましたが、ここでは、写真も数多く交えながら、ハウスメーカーや工務店の家づくりの現場で起こったとんでもない事件を紹介しましょう。

誤解のないように言っておきますが、私たちはこうしたある意味、読者サービスともなるネタを集めようと仕事をしているわけではありません。日々インスペクションの仕事をしている中で、こうした事件が起こることは決して珍しいことではない、ということなのです。

その点を、この本を読んでいただいている施主側に立つ読者の皆さんには知っていただき、だからこそ、安易にメーカー任せにしてはいけないのだと思っていただきたい。

さらには、つくり手となるハウスメーカーや設計事務所・工務店の皆さんには、こういうことを起こして、お客さんの大切な夢を壊すようなことをしてはいけないし、起きてしまったら誠実に対応するのが当然なのだ、ということを肝に銘じていただきたい、ということなのです。

事件簿①

床下に水が浸入してしまう！基礎工事が完了した段階で相談に来たMさん

勉強家のMさんの相談内容は、基礎の工事中を見ていて素人目線で見てもおかしな進め方に不安を抱いたので、プロの目線で基礎が完成した段階の検査をしてほしいというものでした。

早速現場に出向いたところ、すでに基礎は完成していましたが、ベースコンクリートと立ち上がりコンクリートの打継ぎ箇所（写真①―2参照）が気になったので、ハウスメーカーの工事監督に、「打継ぎ部のレイタンスは除去したのか?」と質問したところ、除去していないとの回答でした。

ベースコンクリートの流し込みが完了すると、表面に不純物の膜ができます。この不純物をレイタンスと言いますが、これを除去しないで立ち上がりコンクリートを流し込むと、打継ぎ部に不純物の膜が残ってしまいます。

写真のように、基礎内部に水を張って半日経過させてみると（写真①―1）、打継ぎ部から水が滴り落ちました。つまり、大雨などが降った際には基礎内部に水が浸入してしまうということ。この水が鉄筋のサビを進行させ、構造耐力上の問題が起こるのです。

本当はやり直しさせたいところですが、次善策として基礎の外周部はすべて塗布防水を施し、水の侵入を防ぐ手立てを講じました。

[写真① -1］ 基礎内部に水張りをして 24 時間経過

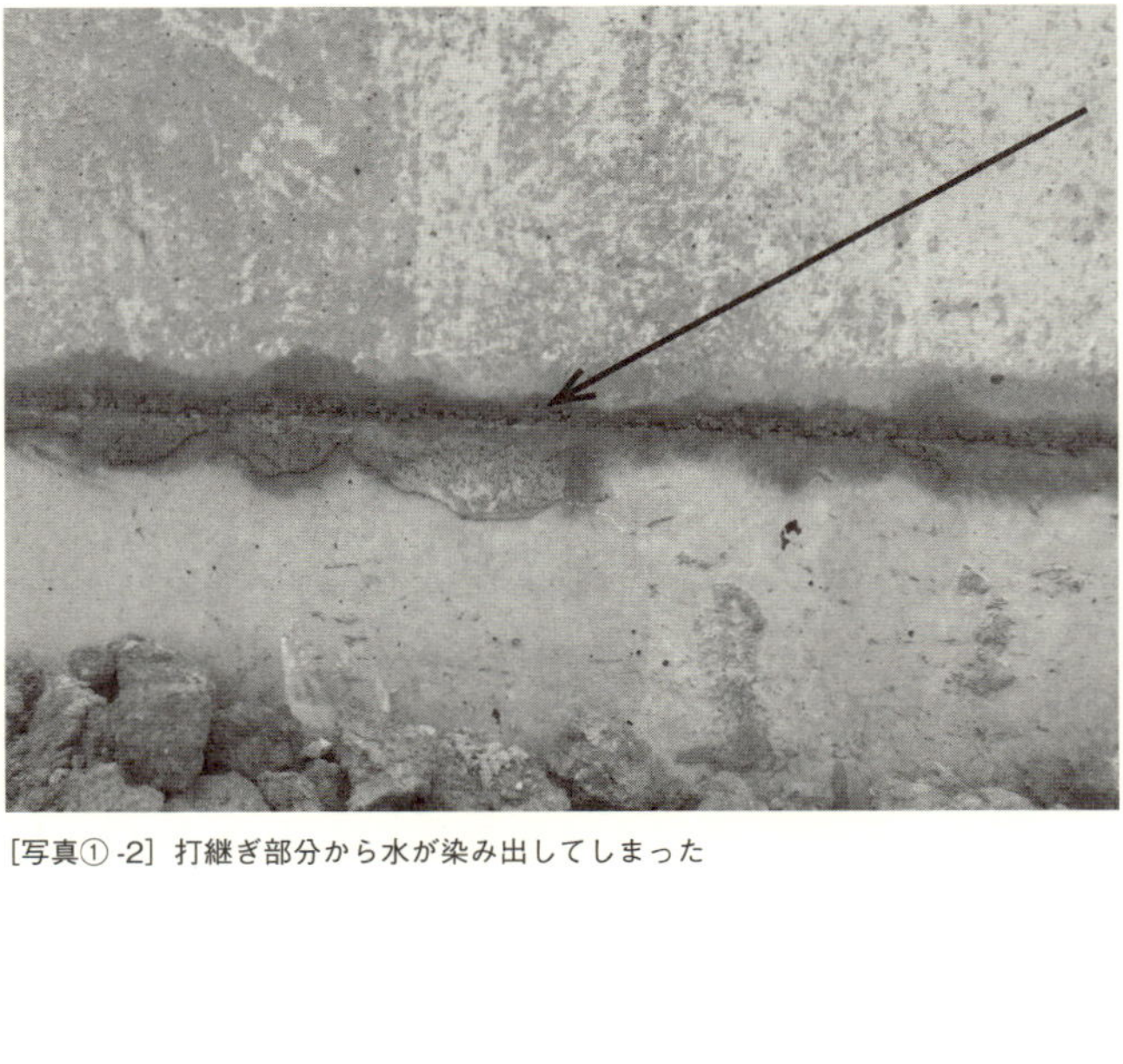

[写真① -2］ 打継ぎ部分から水が染み出してしまった

事件簿②

基礎の鉄筋が切れてしまった！ 埼玉県で家づくりをスタートさせた30代夫婦

ご夫妻が相談に来られたときは、すでにハウスメーカーを決めていました。衣料品・家具・雑貨等の物販で30代の方に人気のある会社が住宅業界にも進出して、いかにも若者ウケする間取りとデザインの家づくりで、やはり30代に人気のようです。本部の会社が商品企画・広告宣伝・部材の支給をし、代理店である各地域の工務店が請負契約をして工事をし、保証も工務店がするという典型的なＦＣシステムのハウスメーカーです。

すでに着工していましたが、素人目にも基礎工事がいい加減な感じなので、一度現場を検査してほしいとのことでした。

現場はベースコンクリートを打ち終わり、立ち上がり部分の型枠の施工に入る段階でしたが、一目見て、とんでもないことに気がつきました。なんと、ベースコンクリートから伸びている鉄筋を写真②—1のように1列分全て切断して、そのまま横にずらし、あたかもベースコンクリートの中から伸びているかのように、モルタルでカモフラージュしていたのです。矢印は鉄筋の切断面がサビている状況です。

長い間現場の検査をしてきましたが、ここまで悪質な確信犯は初めてです。契約当事者の工務店は現場管理もせず、基礎業者任せで現場を進めたようで、工務店の担当者も全く気がついていない状況でした。

あまりにもひどいので、本部の取締役を立ち合わせ、今後どうするかを協議しました。施主はここまで来るのに相当な時間と精力を使い果たしたので、今更ほかのメーカーでゼロからやり直す気力もないということでした。

結局、契約当事者の工務店は当事者能力がないと判断し、ＦＣ本部の直営工事部隊で基礎の解体からやり直すという結論に至りました。その結果、細かな問題はありましたが、なんとか完成まで漕ぎ着けました。

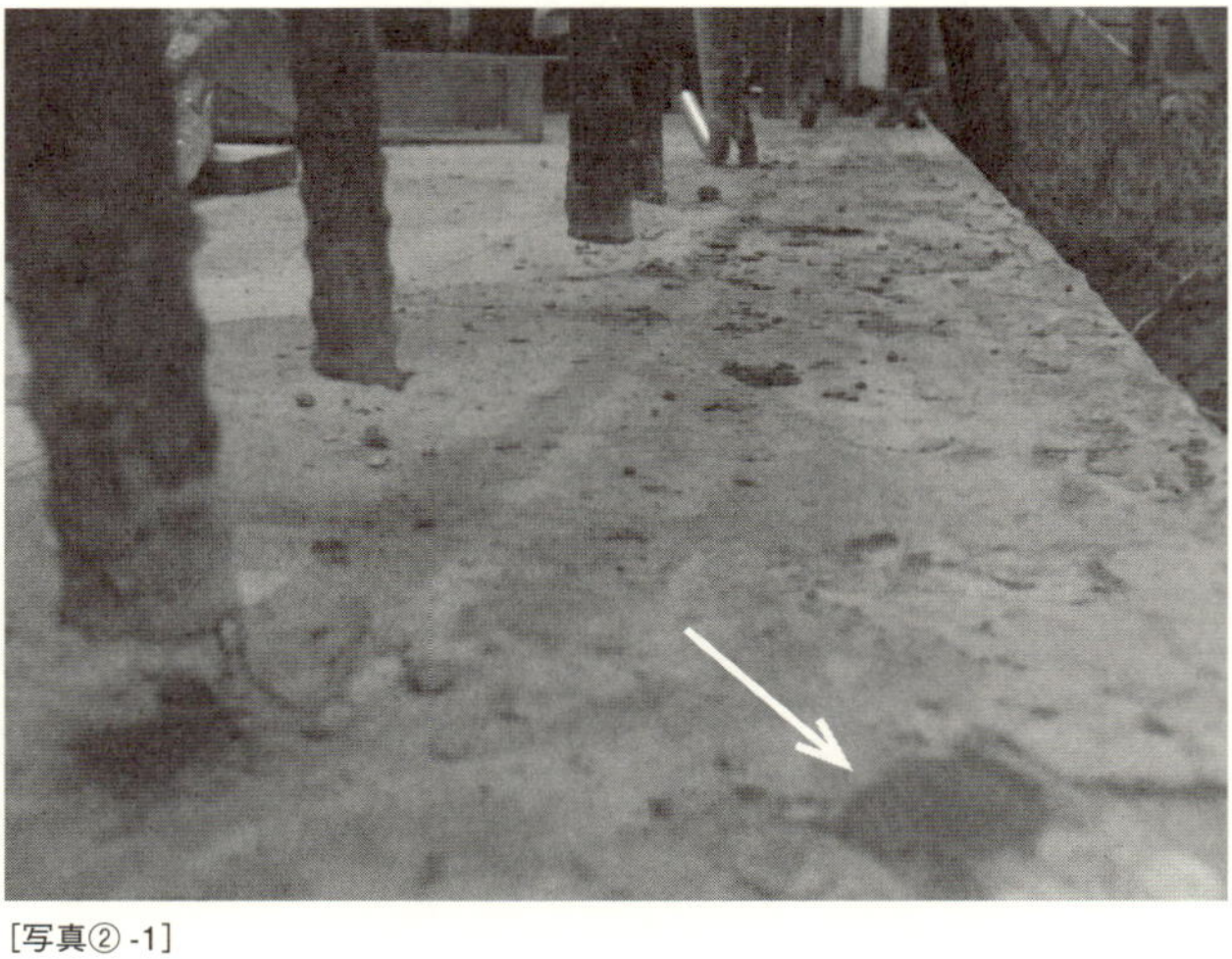
［写真② -1］

[写真② -2]　モルタルでカモフラージュしていた状況

[写真② -3]　筆者が切断された鉄筋を持ち上げた状況

事件簿③

家を支える大切な梁に大きな穴が！ 事件簿①と同じMさん

事件簿①で基礎の不具合が発覚したMさん。ハウスメーカーの仕事に不安を抱き、引き続き私にインスペクションしてほしいということで引き受けると、上棟検査でまたもとんでもない事件が起きました。

家を支える構造上、非常に大事な2階の梁に、電気業者が電気配管のため何箇所も穴を開けてしまっていたのです。

図面を見ると、この梁の下の壁に分電盤を取り付ける設計となっています。分電盤にはたくさんの電気配線が集中するのが当たり前ですが、電気配線を分電盤まで通すスペースを設計が計算していなかったため、梁を欠きこまないと施工できなかったのです。

電気業者は、自分の仕事を早く片付けたいがために大事な梁に何本も穴を開けてしまった、工事監督もそれを何とも思わずに見逃していた、ということです。ミスというより「いい仕事をしよう」というモラルの欠如と言わざるを得ません。

結局、補強のしようもないので梁を交換させました。もちろん簡単な工事ではなく、工期も遅延となりました。

分電盤までの配線のため、梁に貫通させた

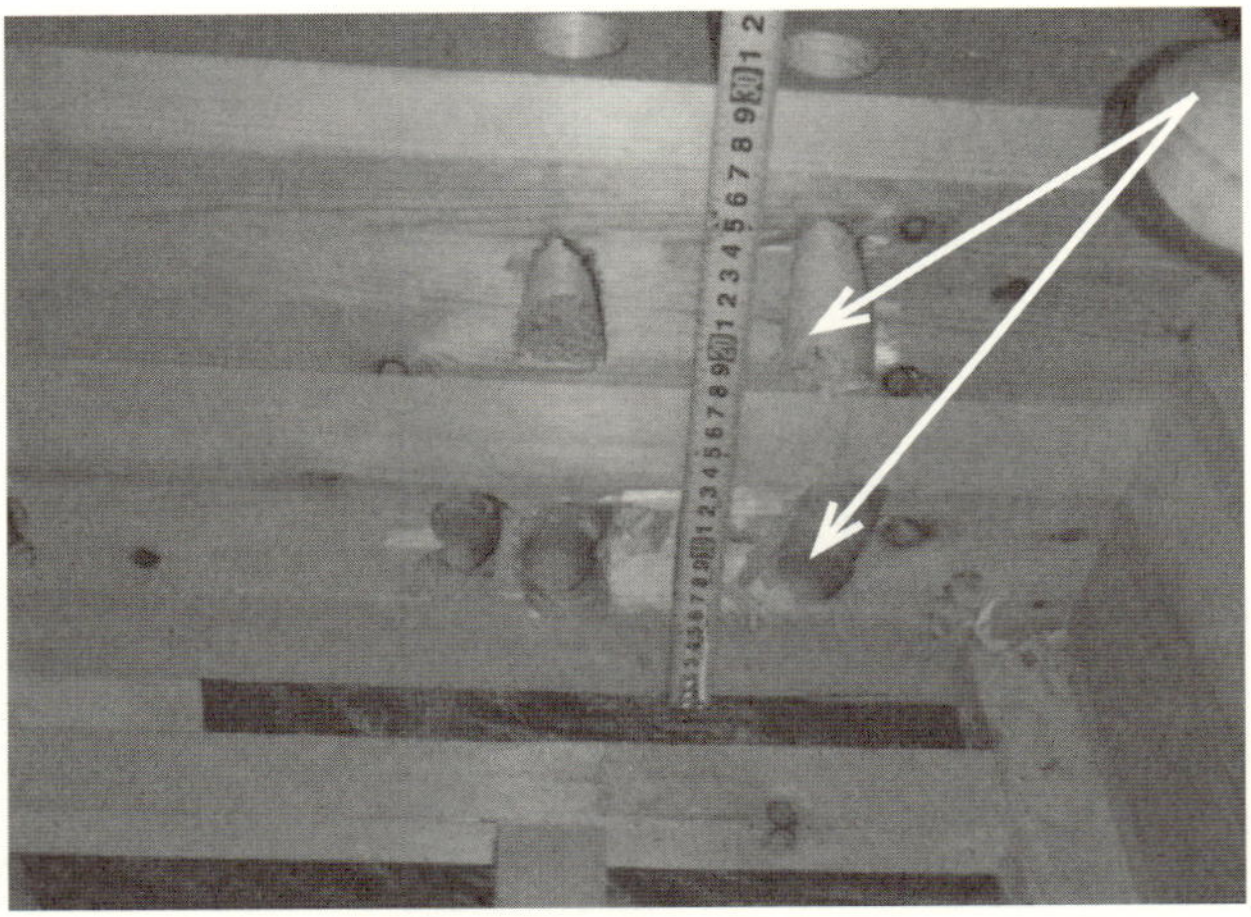

構造上重要な梁に、何本も穴を開けてしまった

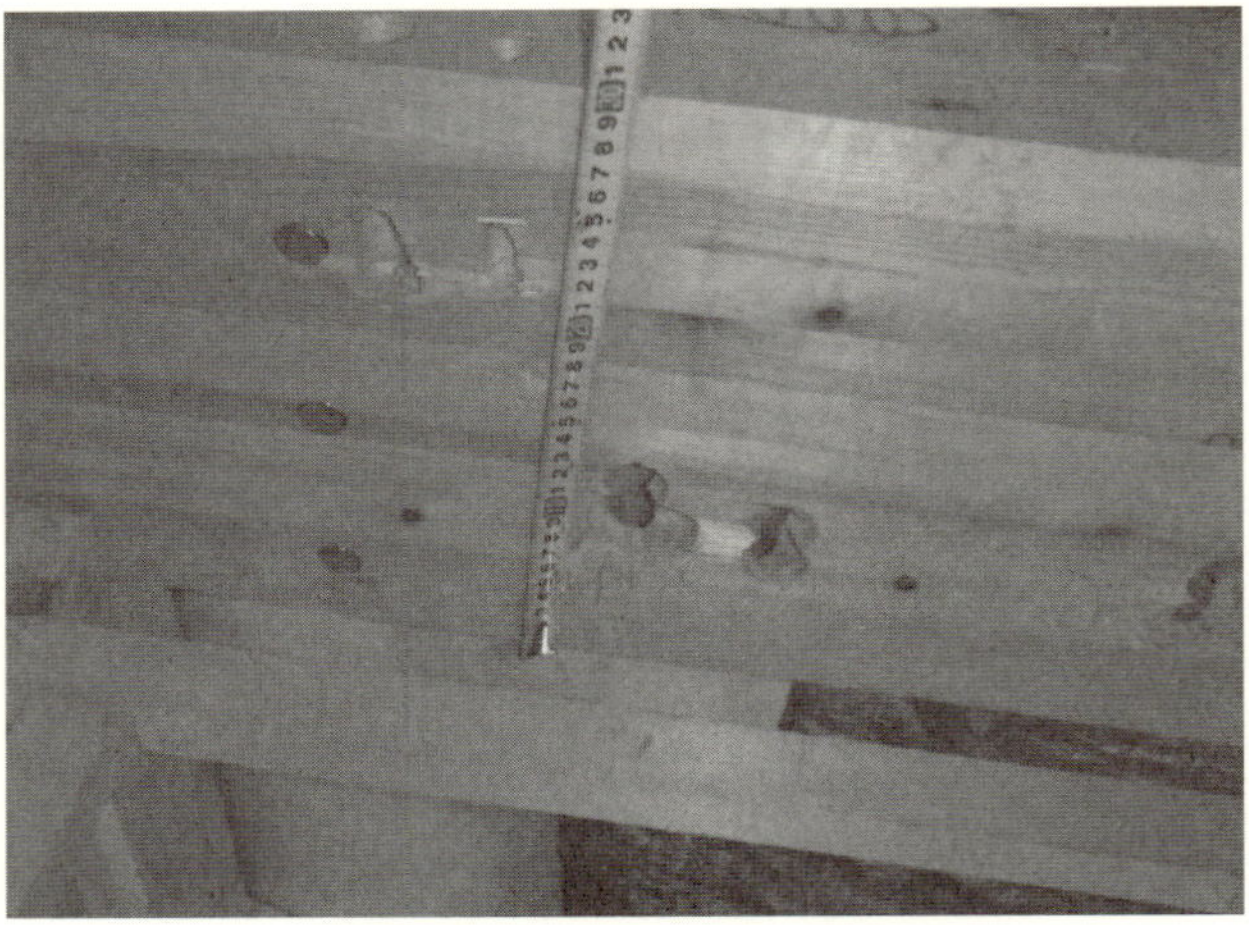

事件簿④

鉄骨造の家が、上棟検査ですべて取り壊し！ 二世帯住宅を大手ハウスメーカーに発注されたKさん

「基礎工事が完了した時点で、契約時の図面と異なるので基礎をやり変えることになった。ついてはインスペクションをお願いしたい」というのがKさんからの依頼でした。1カ月後、やり替え基礎のスタート時点からインスペクションを開始。基礎工事は問題なく完了し、上棟検査となりました。

上棟検査では、柱の垂直精度をレーザーで計測し問題のないレベルを確認、床の水平レベルもレーザーで計測して問題のないレベルを確認。接合部のボルトの締めつけ状態も問題はなし。次は鉄骨のチェックです。

鉄骨にはサビ止め塗装がされていますが、運搬中やクレーンで吊り上げる際に、鉄骨同士がぶつかって塗装を傷つけることがあるので、そうした傷をチェックしていたとき、柱の溶接部分に異常を発見しました。

柱は角パイプで構成され、工場で柱の途中を溶接する方法で製造されていました。溶接すると余盛りといって鋼材の表面から溶接部が盛り上がるので、その部分をサンダーで削った様子が見られた。そこまではいいのですが、よくよく観察すると柱の母材までが削られている。削り取られた部分の深さを計測すると、本来の母材の厚さの半分ほどまで削り取られてしまっていました。

これでは、地震等の水平力が働いた際には構造耐力がもちません。鉄骨というのは大変正直な材料で、計算通りの歪み・たわみが起き、また耐力も計算通り正直に出る材料です。つまり、このままでは構造

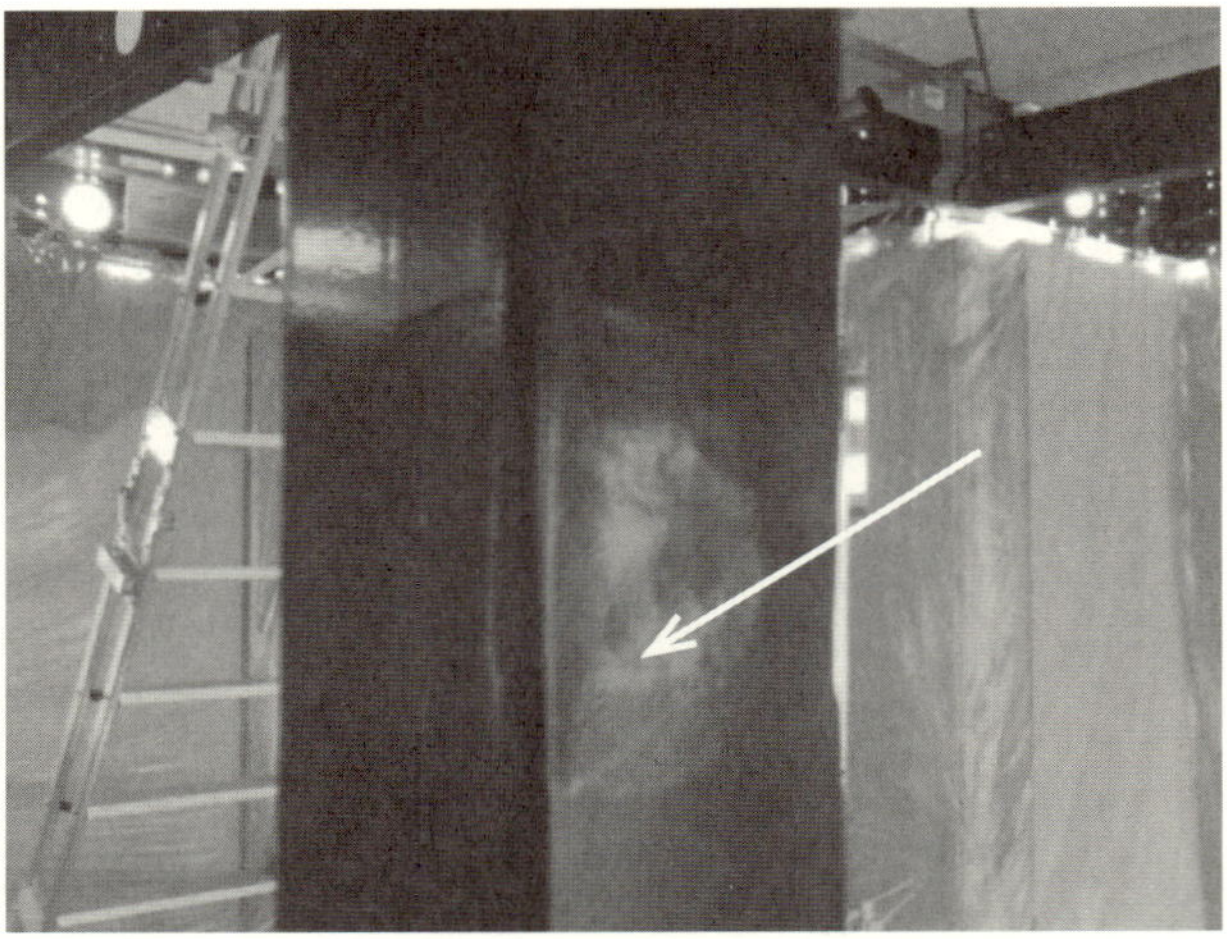

溶接部分の余盛りを削りすぎてしまい、鋼材の厚さが本来あるべき厚さの半分になってしまった

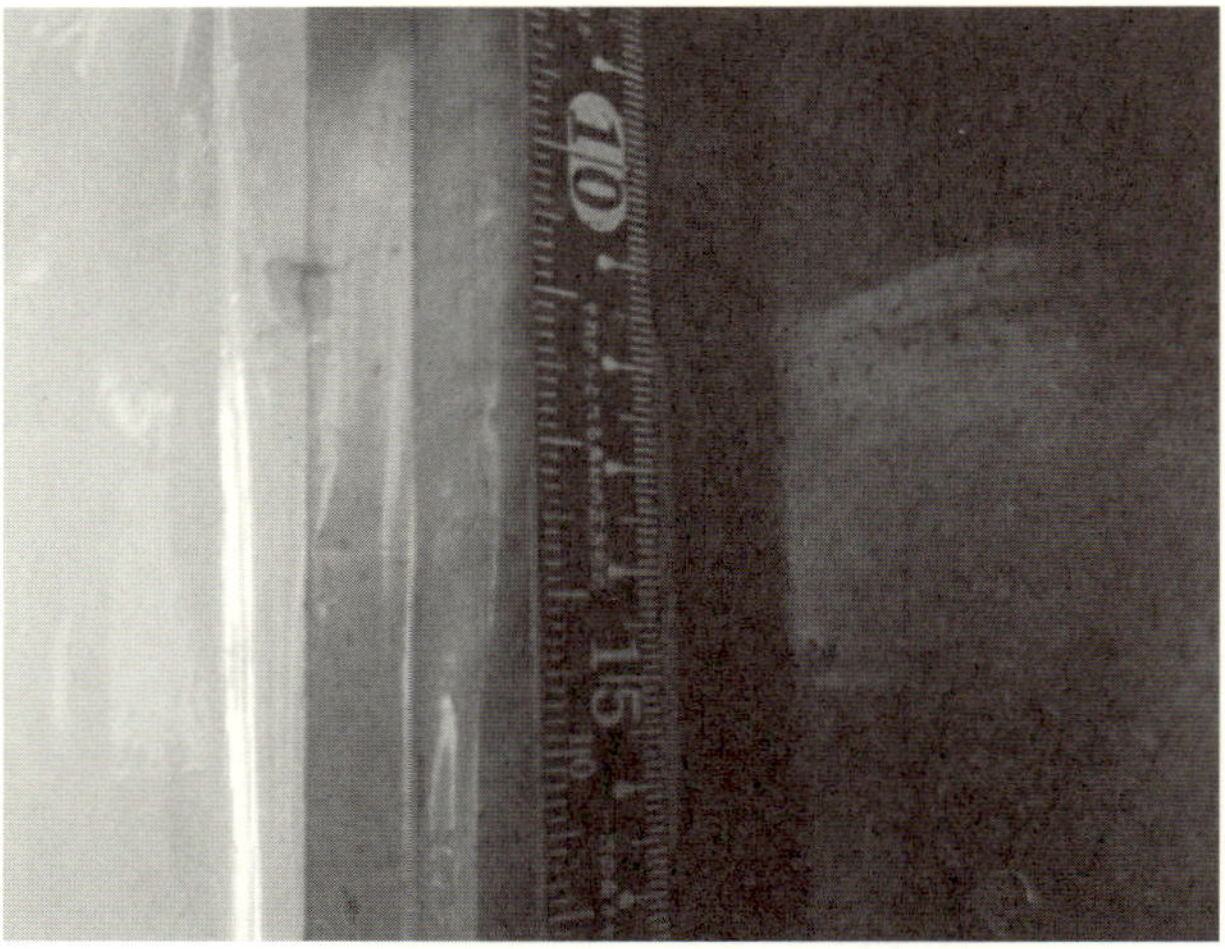

上も契約上も問題があるわけです。

基礎のやり直しという不祥事を起こしながら、鉄骨でも大きな問題を起こしてしまったハウスメーカーに対し、さすがにKさんは呆れてしまい、すべて取り壊しての白紙解約を要求。ハウスメーカーも自社の非を認め、3階建て90坪の大きな建物を解体し、基礎も解体して白紙解約となりました。また、当然のことですが、それによってKさんが被る損害もメーカー負担となりました。

ハウスメーカー側が、責任を持ってやるべき段階できちんと検査をしなかった、工場でも現場でも鉄骨の製品検査をせず工事を進めてしまったという杜撰《ずさん》な事例です。

事件簿⑤

基礎を解体してやり替えた！中堅メーカーに二世帯住宅を依頼したFさん

静岡県在住で、横浜市に二世帯住宅を新築することになったFさんから、遠方で現場を見に行くこともできないので、インスペクションをお願いしたいという依頼がありました。建物はツーバイフォー工法の2階建てで、手掛けるのは中堅のハウスメーカーです。

1回目の検査は基礎の配筋検査。この段階では、配置・寸法が図面通りか、鉄筋の配筋状況・かぶり厚さ（コンクリートの表面から鉄筋までの距離）等の確認をしますが、もう1点、大事なのはレベル計測です。設計図に記載されている寸法レベルがその通りになっているかどうかを光学レベルで計測します。そのときの検査報告は下の通りで、問題はありませんでした（太字は後ほど問題になる部分です）。

ベース捨てコンクリート天端読み寸法＝1070～1074ミリ
同上理論値＝ＧＬ－120ミリ＝1064ミリ
誤差＝－6～－10ミリ⇒安全側（深い側）誤差につき合格

２回目の検査は基礎完了検査です。この段階では、コンクリートの打ち上がり状態・基礎が図面通りの大きさか・アンカーボルト等の芯ズレがないか・アンカーボルトの出量に問題がないか等の確認をします。同時に１回目の配筋検査で実施したレベルの確認をします。その検査報告は下の通りで、太字部分が問題になりました。

契約書に添付されている設計図では基礎のベースの厚さは１７０ミリとなっていますが、１５０～１６０ミリの厚さしかありません。しかし、ハウスメーカーの現場監督は、「基礎業者は間違いなく１７０ミリで施工している、万が一１５０ミリとしても構造上は問題ない」と主張してきました。

私は、「基礎業者の主張が正しければ、配筋検査時のレベル計測と基礎完了時のこちらのレベル計測に間違いがあったということになる。どちらが正しいかは、ベースの厚さを確認しないとわからないが、そのためにはベースコンクリートのコア抜きサンプルを取る必要がある」と主張しました。

ベース天端読み寸法＝１１７８～１１８５ミリ

同上理論値＝ＧＬ＋50ミリ＝１１６４ミリ

誤差＝－14～－21ミリ

ベース天端レベル誤差が危険側（マイナス側）です。

前回計測した捨てコンクリート天端は以下の通り

ベース捨てコンクリート天端読み寸法＝１０７０～１０７４ミリ

同上理論値＝ＧＬ－１２０ミリ＝１０６４ミリ

誤差＝－６～－10ミリ⇒安全側（深い側）誤差につき合格

上記誤差－６～－10ミリを考慮したとしても、ベース天端レベル誤差が－14～－21ミリゆえベース厚さが確保できていないことになります。

専門のコア抜き業者に依頼をして、実際にコア抜きをした結果が次の写真です。ベースの厚さは170ミリに足りませんでした。耐力不足になる可能性もあるし、そもそも契約違反なのだから基礎を解体してやり替えることを主張し、ハウスメーカーも受け入れました。

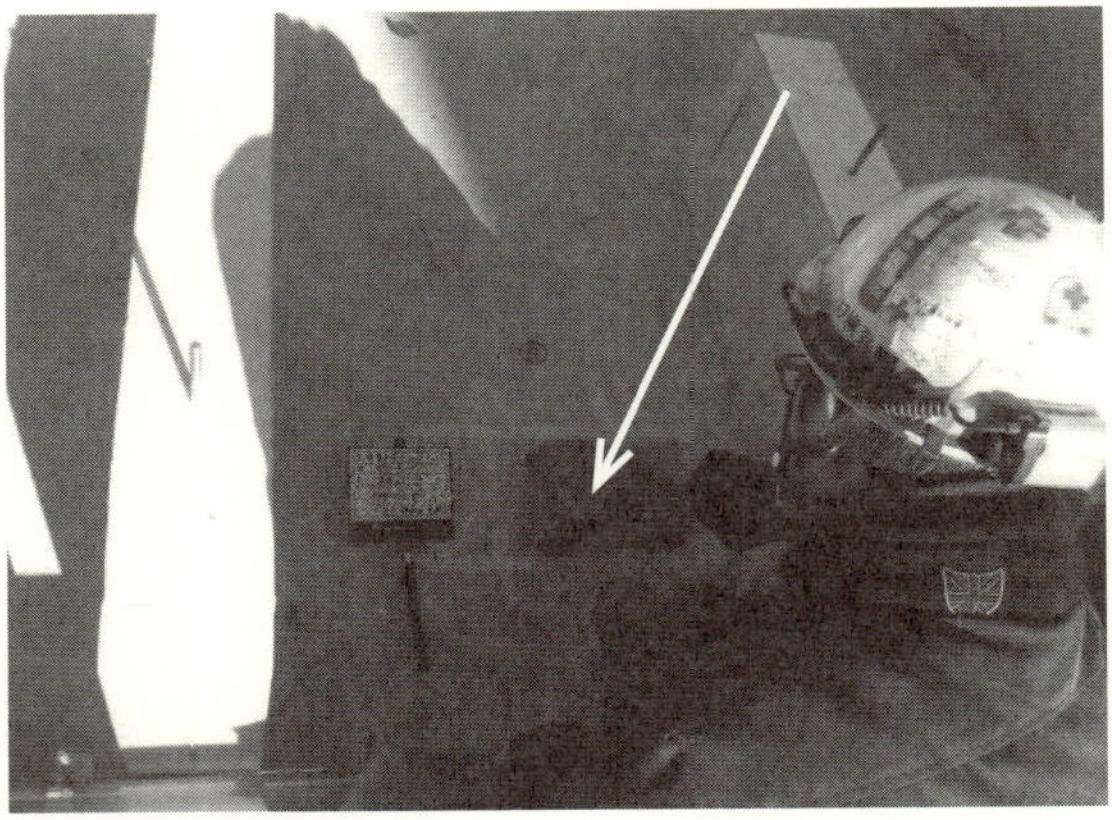

鉄筋探査機で鉄筋の位置を確認

このハウスメーカーは、配筋検査時のレベル計測はしているが、基礎完了検査時のベースコンクリートのレベル計測は実施していなかったとのことで、これを教訓に、検査体制を改めると言っていました。

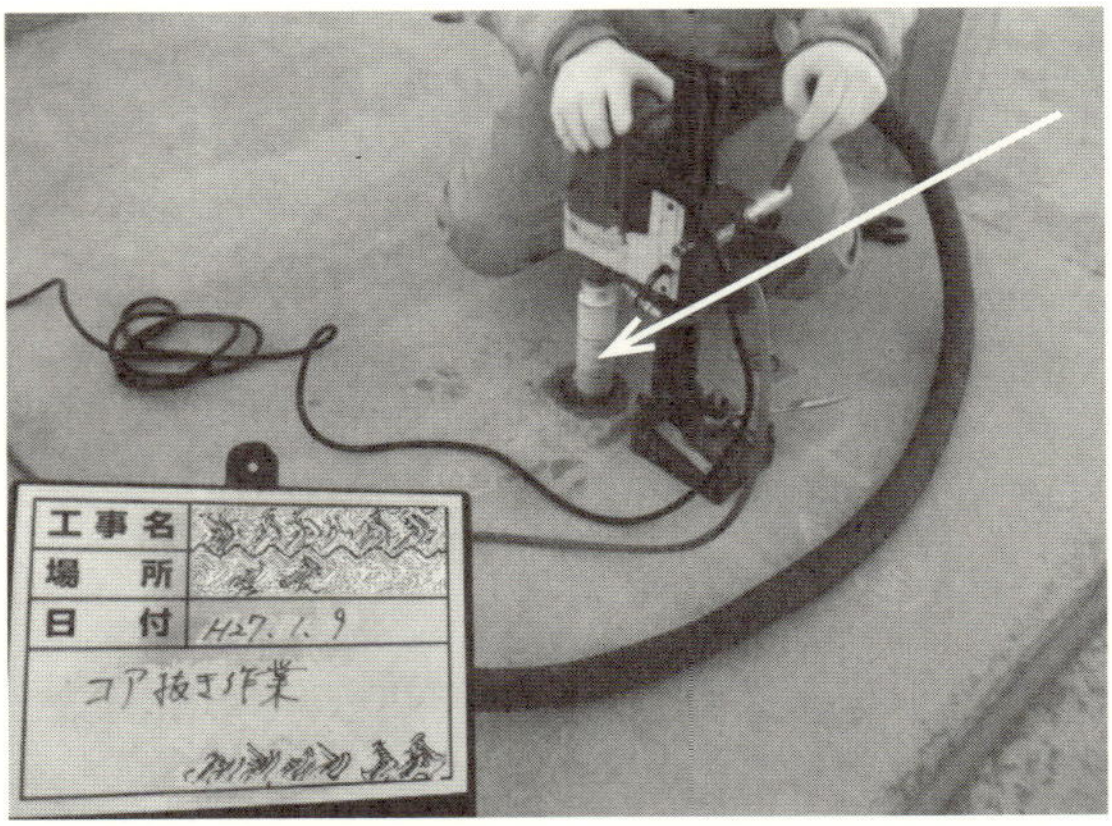

ベース筋が無い部分をコア抜き

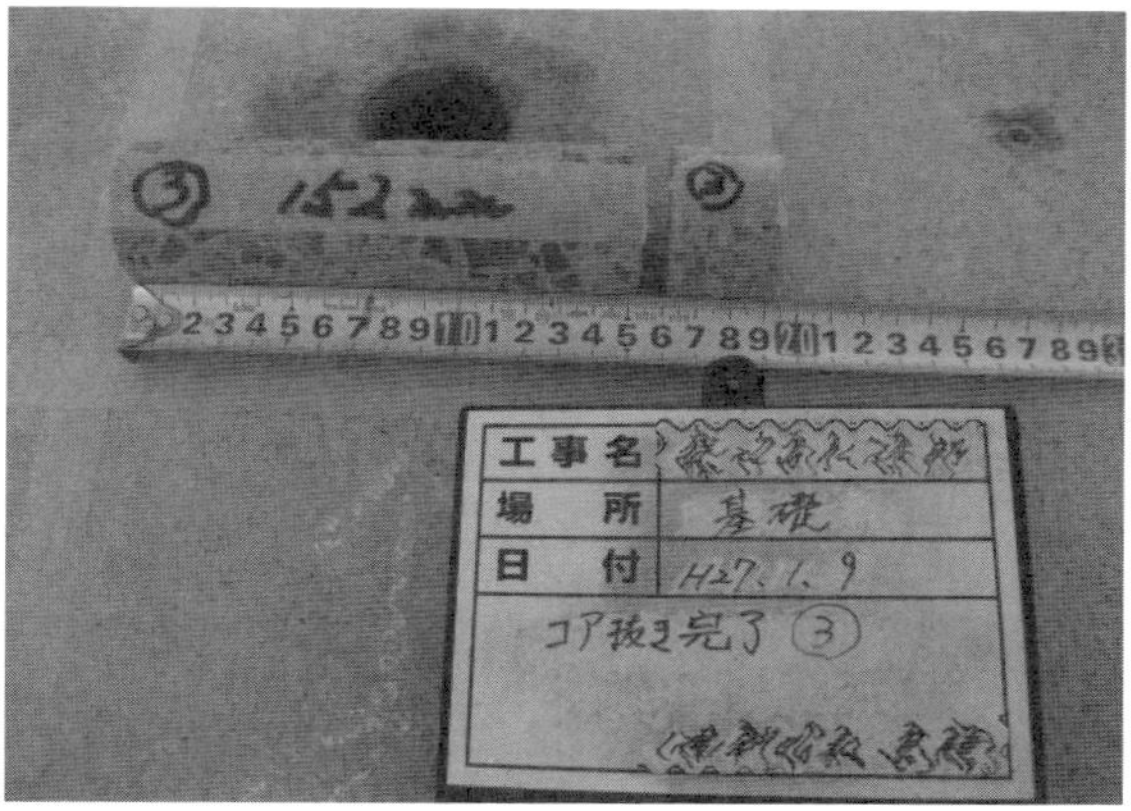

ベースの厚さが152ミリしかない

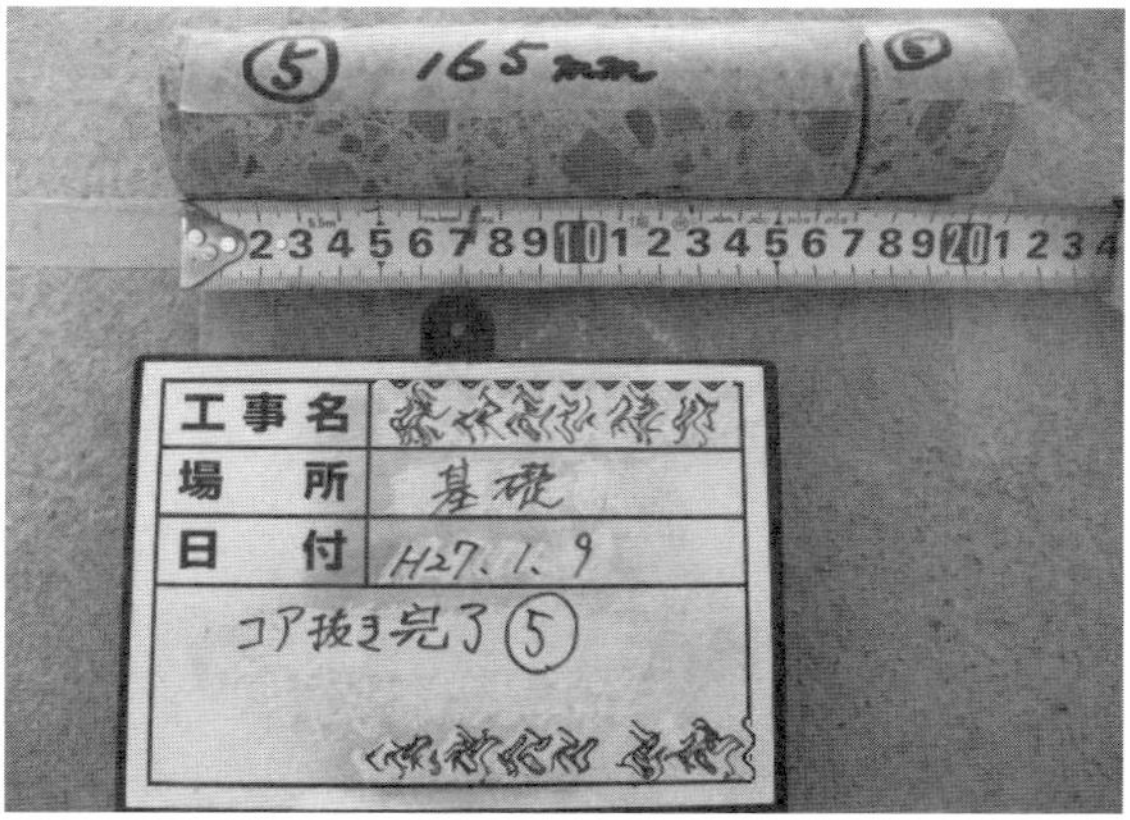

ベースの厚さが165ミリしかない

事件簿⑥

築4年で雨漏り3回！どうにも困っていた神奈川県相模原市在住のWさん

以前インスペクションを実施した方からの紹介で訪問したWさん宅。聞けば、「新築後、ずっと雨漏りで困っている。あるホームインスペクターに依頼して雨漏りの調査を実施したが、どうにもならないようで」というお話でした。

建物を拝見すると、いわゆるデザイーナズハウスで構造は木造の在来工法。外観を拝見しただけで、設計上まずい部分が多々ある建物だなぁ……という印象でした。

建物状況を目視確認し、サーモカメラなどで調査を開始すると、やはり雨が漏っていることが判明。状況説明を交え、これまでの経緯をヒアリングしました。

W　引渡しを受けたのは4年前ですが、引越しから1年くらいで最初の雨漏りが発覚したので対応をしてもらったんです。

市村　その当時の話をもう少し詳しく教えていただけますか？

W　はい。当時、外壁に多数のひび割れが発生していたので、そこから雨が漏っているということでした。それで、外壁をすべて貼り換えることになりました。新築1年ですよ。驚きましたが、直してもらわないと仕方がないので、足場をかけて数カ月間の改修工事をしました。

市村　外壁すべてを交換ですか？　それは大変でしたね。日照、騒音、粉塵《ふんじん》、防犯などいろいろ気苦労もされたでしょう。

W　まぁ、でもきちんと対応してくれるなぁと。大変でしたが、これで直ればと、当時は感謝もしていたくらいです。でも、それからしばらくするとまた雨が漏ってきたんですよ。

市村　雨漏りは直っていなかった。

W　そうなんです。リビングの天井あたりの雨染みに気づき、すぐに再発だ！　と連絡をしました。

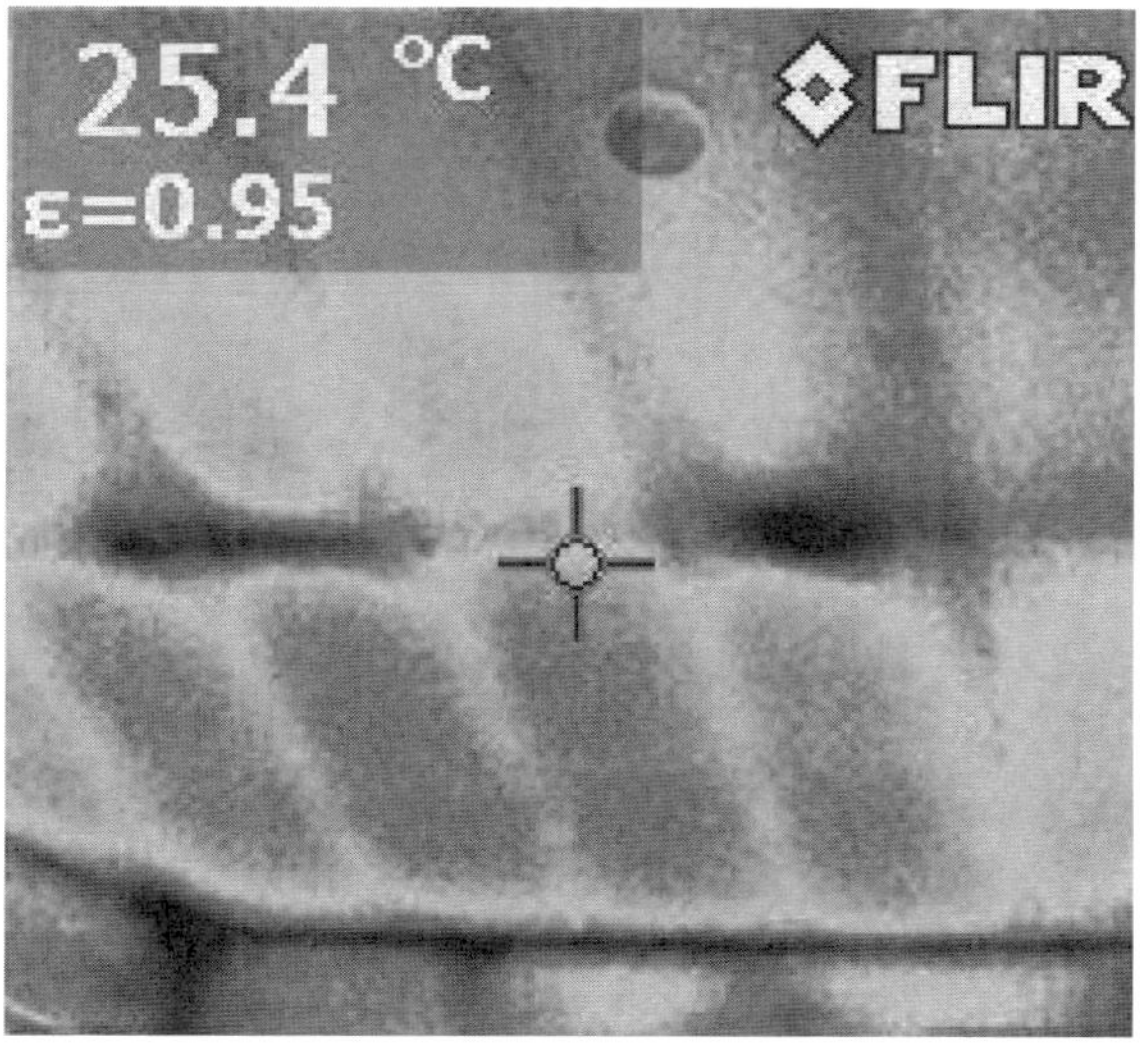

市村　2度目の改修工事ですね。前回直した部分とは原因は違うなどの説明はあったのでしょうか？

W　私も当時はまだ勉強不足で……恥ずかしいのですが、そのあたりの話は全く気に留めなかったんです。つまり、どんな調査をして、ここが原因だったから直します、といった話は全く出ませんでしたね。

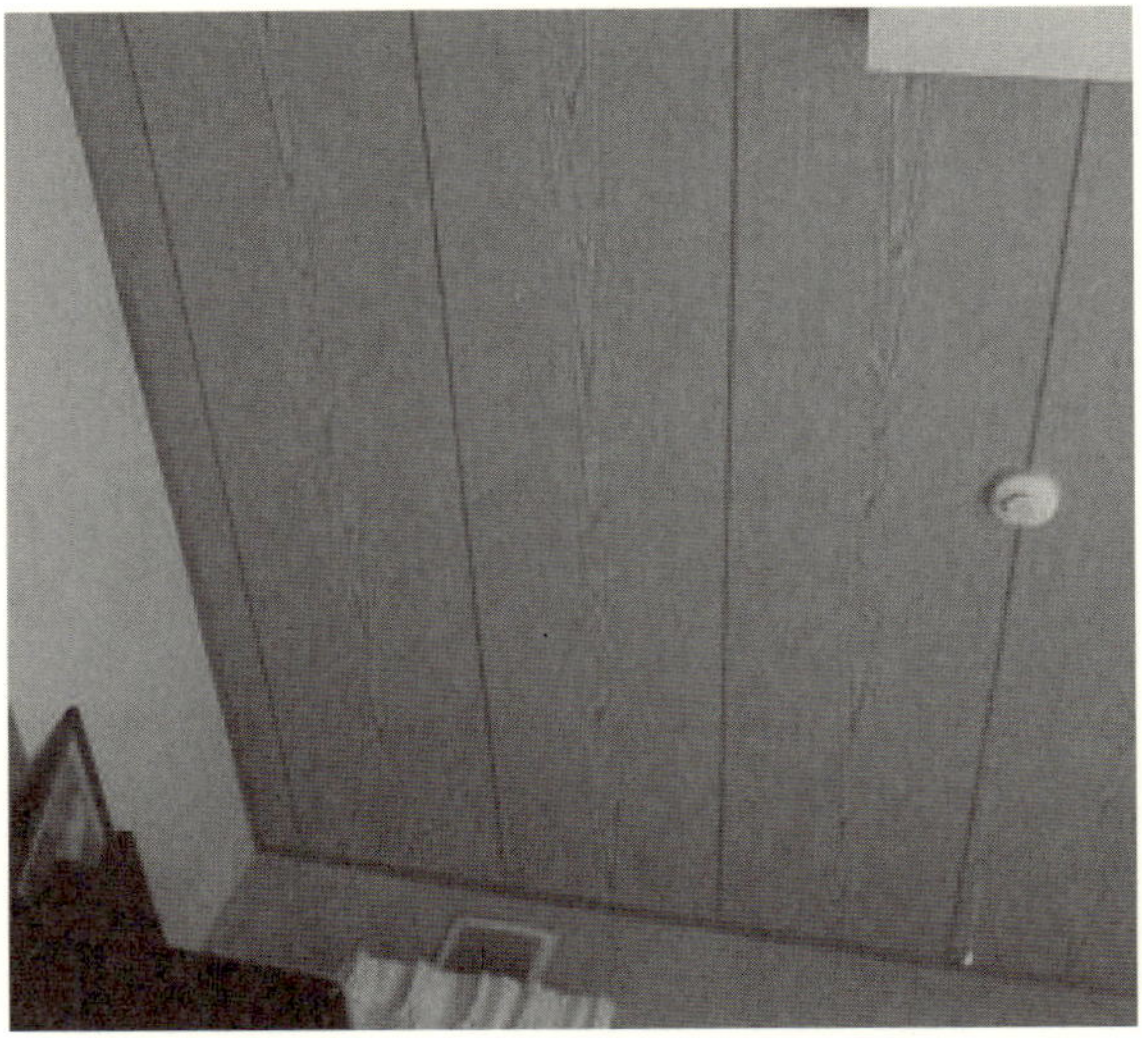

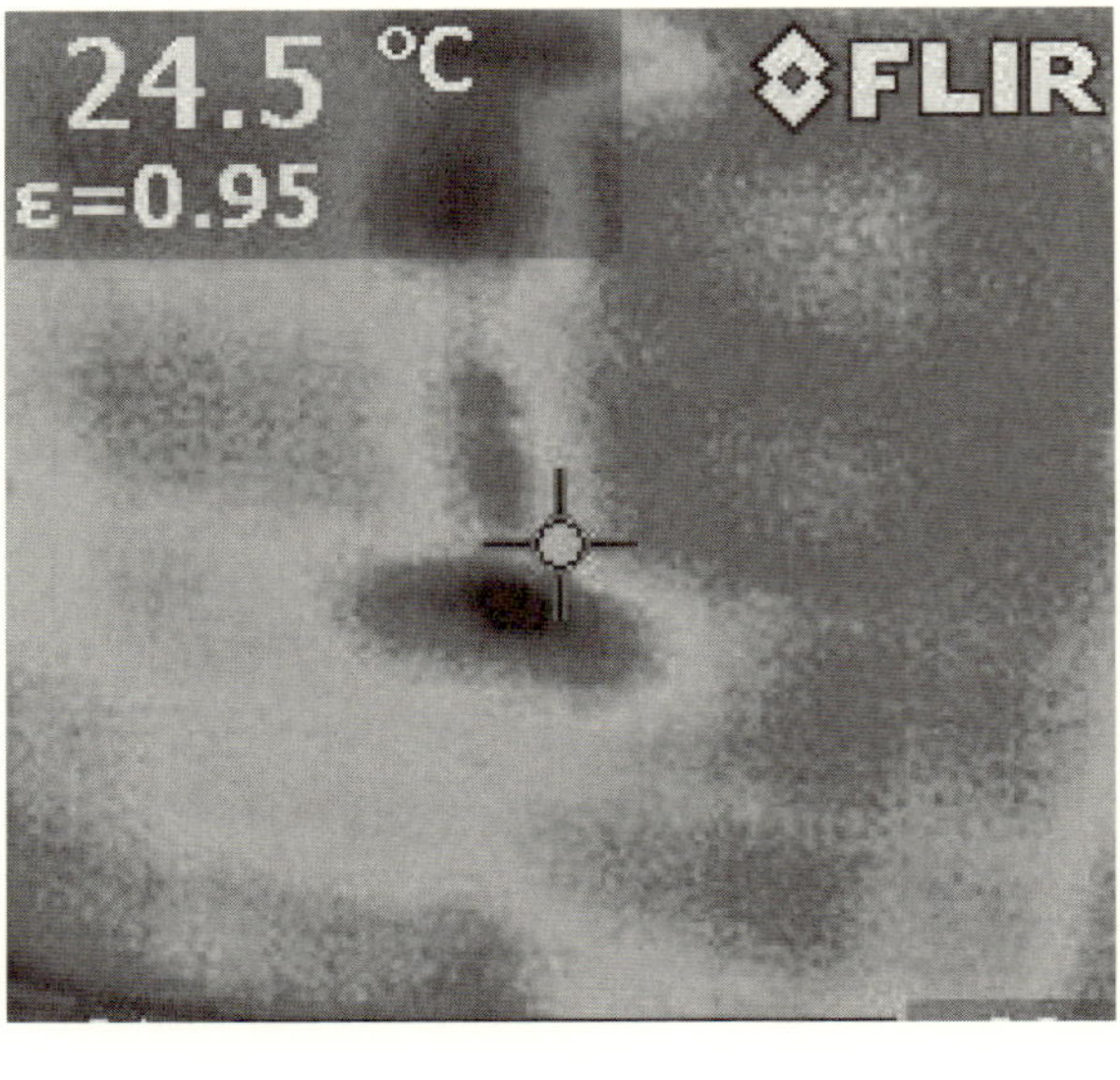

市村　ということは、ろくな調査もせずに外壁をやり替えた。それで再発したと。

W　ということになりますね。2度目のときも原因特定等の話は出ず、結局簡易的なコーキング（防水処理）をして様子を見ようということになりました。

市村　典型的なパターンですね（笑）。工務店は経済的体力が乏しい場合が多く、改修工事費用をできるだけ負担したくない。一度目の改修工事は、恐らく加入していた保険で改修費用をまかなったはずです。しかし、2度目は、一般的に保険適用が厳しいですから、費用をかけたがらない工務店は多いですね。

W　そうなんですか？　工務店の工事が悪いのに。

市村　よく聞くケースです。それで結局、雨漏りは止まらないということですね？

W　その通りです。ほかの箇所にも再度雨染みが発生して、このままでは家が駄目になると恐怖を覚えました。それで、きちんと調査をして必ず雨漏りを止めてくれるように指示をしたのですが工務店の動きが悪く、もう当てにならないなと判断し、自分で調査をお願いしようとなったわけです。

市村　私の前に、別のインスペクターをご依頼されたとか？

W　はい。そちらも紹介で自宅を見てもらったのですが、代表の方はいらっしゃらずに若い方2名で来られ、当日はろくな調査もせずに後日、「とにかく裁判しましょう！」と言うわけです。雨漏りの原因を突き止めて直してもらいたかったのですが、急に裁判と言われて何だか怖くなり、妻と相談して別のインスペクターに見てもらおうと。

市村　そうですか。それもまた典型的ですね（笑）。

W　そうなんですか!?

市村　はい。残念ながら、とにかく裁判案件にすればお金になると、積極的に裁判にもっていこうとするインスペクターもいるのが事実ですね。確かに裁判でしか決着がつかない案件もありますが、それは最終手段だと思います。

このWさんほど酷い現場は稀《まれ》ですが、一般的に雨漏り発生、さらには再発というケースは多々あって、私のところへも相談がよくあります。雨漏りで注意しなくてはならないのは、何と言っても原因特定ですが、実際には原因特定に至っていないので雨漏りが止まらない状況です。

特に、雨の侵入箇所が1箇所ではなく、複数個所におよんでいることを想定して調査を実施しなければならないのですが、当事者（ここでは工務店）は、何と言っても、費用をかけたくない一心ですから、なかなかそこまでやってもらえません。Wさん宅の問題点は、

・設計事務所にスキルがなく、収まり検討がされていない
・工務店にもスキルがなく、原因特定ができないので改修工事もできない

ですが、最大の問題点は、

・工務店や設計事務所が改修工事に応じないかもしれない

ことでした。

改修工事は抜本的な是正工事になるため多額の費用がかかります。仮に設計事務所・工務店が改修工事に応じない場合には、それこそ裁判になってしまいます。建築訴訟は時間がかかるし、それに伴う費用も膨大。訴えるほうも精神的にまいってしまいます。

Wさんの案件では、こうした点を考慮し、設計事務所・工務店との数回の打ち合わせを経て、裁判に発展せず、改修工事に合意させることができました。

以下は、Wさん宅の雨漏り改修工事中の写真です。

ベランダの腰壁を解体した様子。腐敗した状況がよくわかる。

ベランダ床部分。引渡し当初からの浸水で、至るところに雨染みやカビが。

最初に工務店が行った改修工事で、屋根の上にカバー工法を実施。そのカバー屋根を撤去した様子。全く意味のない改修工事であったようだ。

その下の屋根（新築工事の際に施工したもともとの屋根）を撤去。所々に見える斑点は白カビ。

構造耐力上、重要な筋交いだが、下部が腐ってもはや何の意味も成していない。

もちろん（と、言っていいのか？）、壁からの漏水も確認。丸囲みは黒カビ。

窓周りは、根本的な防水施工不良により、ほぼ全滅状態であった。

終礼

肝心なことを3つだけ

課外授業までお付き合いいただきまして、ありがとうございました。細かいことはさておき、最後に、ハウスメーカーで家を建てようとされている読者の皆さんに、これだけはお願いしたいことを3つだけ簡潔にお話ししておきます。

一、ハウスメーカーは名前ではなく、現場の仕事で選びなさい

一、ハウスメーカーから「あの施主は要注意!」と思われなさい

一、「いい仕事」をしてもらうために、質のいいホームインスペクターを頼みなさい

経験上、これだけ実行できれば、大金をドブに捨てるようなことにはまずなりません。誤解しないでいただきたいのは、何も、ハウスメーカーにケンカ腰で対しなさいと言っているのではありません。ハウスメーカーや現場の職人にいい緊張感を持ってもらい、いい仕事をしてもらうこと。それが実現するのなら、どんなやり方でもいいと思います。

ハウスメーカーの皆様にも言っておきたいことがあります。

私もハウスメーカーの仕事に数多く携わってきましたから、ハウスメーカー側の事情はよくわかります。この本をお読みになった皆さんの側にも言い分はおありでしょう。

しかし、メーカーの事情は、施主には何の関係もありません。施主にとって問題は、大金をはたいた夢のマイホームが良い結果になるかどうか、この一点なのです。

ですから、「たまたまあった悪い事例をことさら取り上げられても……」といったことは言い訳になりません。たまたまであっても、そのたまたまに当たっ

てしまった施主にとっては、一生ものの後悔につながる可能性があるのが家づくり。そのことを今一度お考えになっていただければ幸いです。

最後に、本書で触れられなかったことも多々ありますが、付録のＤＶＤを観ていただければ、より細かい情報をお伝えできることと思いますので、ぜひともご覧ください。

それでは、読者の皆様の家づくりが成功しますことをお祈りして、終わりといたします。拙い授業をご拝聴いただきまして、ありがとうございました。

市村　博

市村　崇

大金をドブに捨てるか、「納得の家」を手に入れるか、観ると観ないで大違い！

プロがあなたの家づくりを強力サポート！

観るだけで「いい家が建つ」DVD

市村 博　市村 崇

特別付録

特典DVD

大金をはたいてようやくたどり着いた念願のマイホームづくり。でも、ほとんどの人は家づくりなど初体験で、建築知識も持ち合わせていない。ハウスメーカーにお任せの結果、「こんなはずじゃなかった！」と後悔し、トラブルになった方は多いのです。

「素人だから」とメーカー任せは絶対に危険です！

本書付録のＤＶＤでは、豊富な現場写真を見ながら、本書の著者がホームインスペクターとして実際にやっている家づくりのチェックポイントを少し勉強してみましょう。ハウスメーカーや工務店の人たちにも観てもらうと、彼らにプロの仕事をしてもらうことができるはずです。

●Chapter１　着手前の検査　●Chapter２　基礎配筋の検査
●Chapter３　基礎完成の検査　●Chapter４　建前の検査
●Chapter５　防水の検査　●Chapter６　外壁（足場解体前）の検査　●Chapter７　完成引き渡し前の検査

パソコンまたはテレビのDVDプレーヤーで再生してください。

編集　飯田健之
編集協力　木下博
大西華子
装丁　内山彩希
本文デザイン　塩路ゆか

ハウスメーカー18社 現場を見てわかった**最新本音評価!!**

絶対に後悔しないハウスメーカー選び

2015年11月12日　第1版第1刷
2018年 5月20日　第1版第2刷

著者　市村博　市村崇
発行者　後藤高志
発行所　株式会社 廣済堂出版
〒101-0052　東京都千代田区神田小川町2-3-13
M&Cビル7F
電話　03-6703-0964（編集）
03-6703-0962（販売）
FAX　03-6703-0963（販売）
振替　00180-0-164137
URL　http://www.kosaido-pub.co.jp

印刷所
製本所　株式会社廣済堂

ISBN978-4-331-51975-2 C0052